闫泽华

人人都该懂点产品思维

闫泽华◎著

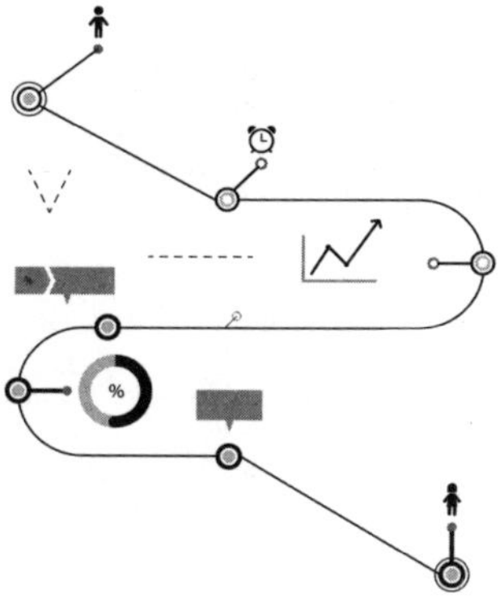

北京联合出版公司
Beijing United Publishing Co.,Ltd.

• 推荐语

贝壳租房产品总监 廖凤

我们都会感念初入职场时所遇到的Mentor，从如何写邮件开始传授选产品的方法和工作方法，严格又真挚；本书作者就是这样一位Mentor。感谢泽华愿意沉淀和分享，惠及更多产品新人。

酷我前产品总监 郄丽晨

这本书用系统的结构化产品知识体系和丰富的实战案例，解读了优秀产品经理从0到1所必须修炼的基本能力、需要改进的能力、进阶能力，以及思考、分析和解决问题的思维路径，是产品经理入门不可多得的红宝书。

知乎前产品总监 真格基金EIR 钱量

这是一本市场上急需的专业教科书。

产品经理，学校里没有这个专业，很多公司里也鲜有系统的培训。泽华的书从一个虚拟的新产品经理的视角，讲述了产品经理从面试到工作一年中遇到的各种问题、任务和挑战。

这本书为想要入产品经理这行的同学呈现了真实的产品经理日常，

对于已经成为产品经理的同学也是很好的系统梳理，回头去看看是否还有能力欠缺项。

泽华在书里面引用的例子非常生动，都是真实的、高质量的案例，也推荐所有做内容产品的同学参考。

小猿搜题产品技术负责人 唐巧

产品经理大多自学成才，鲜有公司具备从零基础培养产品经理的体系。泽华的这本《人人都该懂点产品思维》通过阿聪和阿呆两个有趣的角色，将产品经理入行初期所面临的问题娓娓道来，可以帮助大家建立起完善的基础知识框架，值得每一个产品经理新人阅读。

百度前高级技术经理 郭少聃

从事多年研发工作，我与产品经理打交道的经验可以说十分丰富，阅读本书使我更充分地了解产品经理的思考方式和工作模式，第一次站在不同角色的立场中系统地看待互联网产品的生命周期、思考产品思路落地，有种“拨得云开见月明”之感。本书出自一位有着不同公司、不同类型、不同规模产品操盘经验的资深产品人之手，凝聚了他在日常工作中指导不同产品人成长的精华，满篇干货，具有极强的实操意义，相信不论是产品人还是研发人员，读来都会像我一样受益匪浅。

京东运营总监 曲映西

如果你即将毕业，打算做产品经理，这本书适合你；

如果你刚入职成为一名产品经理，这本书适合你；

如果你现在从事其他工作，正打算转行做产品经理，这本书适合你；

如果你做了几年产品经理，积累了一些经验，却没有总结出方法论，并且已经开始带新人，这本书也适合你。

伴鱼创始人兼 CEO 黄河

买买买很爽，追剧也很开心，但是如果你尝试过创造点什么，就会发现创造带给你的快感比前两者高了一个数量级。产品经理这个岗位的本质就是创造：发现一个问题，抽象一种需求，用同理心、逻辑和品位，打造一个完美的解决方案，让世界也因此美好了那么一点点。如果你还未曾体会我说的这些，一定要读读泽华的书，也许你就此就打开了上帝视角呢。

本书以生动的笔触，以场景代入的方法，从是什么、为什么、怎么样介绍了一名产品经理的必备素质以及专业技能，对竞品分析、A/B 测试、数据分析、PRD 撰写、埋点、搜索、推送等做了深入阐述，每一部分都既有理论说明，又有实例分析，深入浅出，面面俱到。此外，还指出了在做好产品经理这一角色时必须具备的职业能力以及技巧，如关注 App 榜单、高效会议、跟进进度，甚至专业邮件撰写方法。总结出来的方法论，如六步法：用、问、数、比、溯、试，非常精练又极其实用，对实际工作很有指导作用。作者的个人产品观和对职业发展的思考也值得每一位产品经理借鉴。

相信本书每一位阅读者都会有所收获，希望每一位产品经理都能坚守自己的这份选择。

• 前　言

“万物 + 互联网”的时代已经出现在我们周遭，各行各业对于产品经理的需求与日俱增，也有越来越多的人选择成为产品经理。信息获取的便捷与充裕，让产品新人很容易就能获取各种观点与产品方法论，各路名词张口就来，却又因为缺乏实践而使得观点与方法论无法消化，难以应用于自身。

这本书的缘起，便是我带新人的过程记录。对新人而言，用户体验至上、产品体验闭环这些概念性的措辞已经不用多说了，如何找准发力点、将蓝图切实落地、更好地做折中和取舍，反而成了产品新人成长过程中的拦路虎。

少讲产品理论、多谈工作方法，尽可能地找到有关产品想法的落地场景和使用实例是这本书记录的初心。整本书分为四大部分，对应产品经理新人的四个不同发展阶段。

▮ 夯实基础阶段：对于刚刚从事产品经理工作的同学而言，首先需要多看多学，建立起对于产品的基础认知。这一阶段更多的是从事基础性工作，如日常性地追踪 App Store 榜单，去看看有哪些是值得借鉴的；

从自己的业务线出发，去比对竞品的功能特点，做竞品分析；进行数据的标注和分析，时常查看自家产品的报表，从一线的数据里建立对用户使用习惯的拟合和认知。

▮初学乍练阶段：有了基础的认知，产品经理就可以从已有功能点的改造入手，站在前人的肩膀上前进。在这个阶段，开始形成初步的工作习惯，如 PRD 的撰写、邮件的撰写，开始同设计、研发、数据分析等团队配合，推动一些小项目的迭代和上线。

▮牛刀小试阶段：开始从修缮走向创造，独立负责一些功能或方向的规划和整体设计。这一阶段需要更强的说服能力、过会能力，去证实自己产品方案的收益价值，去和各种项目 PK 优先级、平衡人力资源。

▮出师、新的历程：经过上述的三个阶段，产品经理日常工作的基本套路就能掌握得八九不离十了，各家公司的导师培养机制也往往到此结束。而出师意味着新历程的开始：产品经理需要找到自己的兴趣、能力象限和工作内容、业务方向的契合点，才能更快地产出效果，实现和项目一起成长。

没有专业背景要求，没有可以照本宣科的学习路径，产品经理就是这样一个学练相辅助的工作，碰到问题、解决问题、收获成长。文中提到的产品新人“阿聪”，就是我带的许许多多新人的投影，也希望阅读此书的你，能够从“阿聪”的经历中收获经验，得到些许启发。

·戳破美丽的彩色泡泡

产品经理是什么

Hi，你好，感谢你打开这本书。

开篇伊始，我有个问题想要听听你的答案：你，为什么想要成为产品经理呢？

是想要像扎克伯格、乔布斯、张小龙那样改变世界，影响亿万人的日常生活，还是想在互联网这个听起来很酷的行当里斩获高薪、期权，借由公司上市快速走上人生巅峰？产品经理是一份能够指点江山、挥斥方遒的工作，还是一份拍脑袋想个大主意、画张原型图、动动嘴皮子就能胜任的工作？

抱歉，上述所说的很可能都不是产品经理的真实状态。

产品经理既不能随心所欲地按照自己的想法去做产品，也不可能随随便便就做出一款日活跃用户量过百万、千万的产品去改变世界。在多数情况下，产品经理和你所熟悉的其他职位一样，有很多事务性的工作要完成，踩着“九九六”工作制的辛苦节奏以“产品狗”自黑。只有在那么一两个时刻里，产品经理才会因为产品功能的上线、数据指标的攀升、用户口碑的扩散而被打上炫目的舞台高光。然而这种厚积薄发，或许更多的是可遇而不可求。

那么，在本书伊始，就让我们一起戳破笼罩在产品经理这个岗位上的彩色泡泡，去看看产品经理究竟是份怎样的工作。

一、产品经理是做什么的

从百度百科的定义来看："产品经理（Product Manager）是企业中专门负责产品管理的职位。产品经理负责市场调查并根据用户的需求，确定开发何种产品，选择何种业务模式、商业模式等，并推动相应产品的开发组织。产品经理还要根据产品的生命周期，协调研发、营销、运营等不同角色，确定和组织实施相应的产品策略以及其他一系列相关的产品管理活动。"

从日常的工作内容来看，为了推进业务的迭代和产品改进，产品经理需要完成：竞品调研、用户需求调查和分析，产品功能的规划、产品需求文档的撰写、需求文档的评审，同设计同学确定设计方案、同数据分析师确定功能埋点和数据需求、同研发和测试同学确定开发测试排期、同运营同学确定上线后的运营方案、在上线后观察数据和效果并做出后续的迭代改进方案，等等。

做互联网行业也有些年月了，从个人的角度，我给出的答案是：产品经理作为产品的第一责任人，对产品的整个生命周期负责。微观上，尽可能提升产品迭代过程中正确决策的发生概率；宏观上，尽人事听天命，期待一个产品的成功。无论在这个过程中有多少琐碎的事务，有多少需要协调和沟通的工作，都只是我们为产品所做出的积淀（苦劳），衡量产品经理功劳的标准只有一个——产品是否得到了市场的认可，是否收获了用户的喜爱。

因为对产品经理而言，更强调工作的结果性，所以我们常常戏言：产品经理是个高危岗位。对研发人员来说，项目黄了，起码有过程中开发的技能磨炼、经验累加，无论是高并发还是高复杂度，都是研发人员的成长和积淀。但是对产品经理而言，项目黄了，这段工作经历的价值很可能会大打折扣。在社会招聘的面试里，常常会看到那些辗转于不同项目，但并未形成有效积累的产品经理。这样的风险，是产品经理这个岗位所必须承受的。

二、产品经理的进阶

产品经理是个典型的在工作中学习、在项目中磨炼的职业，从刚刚入门的产品助理，到登堂入室的产品经理，再到可以独当一面调动资源的产品总监，每一阶段都有不同的能力象限要求。

腾讯对于产品经理能力的定级划分标准，能给我们提供很好的参考。援引 Blues 和梁宁的文章，腾讯将产品经理的能力要求归纳为 19 点，对不同阶段的产品经理在不同能力象限上有着不同的要求，这些能力要求分别是：

1. 学习能力（Learning Ability）
2. 执行能力（Execution）
3. 沟通能力（Communication）
4. 行业融入（Industry Intimating）

5. 心态和情商（AQ & EQ）

6. 技术基础修养（Technology Understanding）

7. 项目管理（Project Management）

8. 关联知识：心理学、美学基础、财务知识、办公技能等（Relevant Knowledge）

9. 产品规划，版本发布（Product Planning）

10. 专业设计能力（Professional Design Ability）

11. 市场分析能力（Industry Understanding）

12. 商务沟通（BD）（Business Communication & Driving）

13. 数据分析（Data Analyzing）

14. 市场营销（Marketing Skills）

15. 渠道管理（Channel Management）

16. 市场 / 用户的调研与分析（CE & UE）

17. 方法论建设（Professionalism Build–up）

18. 知识传承（Knowledge Sharing）

19. 人才培养（Career Mentoring）

上述的这 19 点能力要求依次实现了由内而外、由己及人、触类旁通和薪火相传的过程。

· 1 到 5 点，更多强调的是基础素质。产品经理始终保持开放、谦逊的心态，凭借自己的学习和执行力，在工作中学习和摸索，通过有效的沟通推进项目，经过不同项目的累积，加深对行业的理解和认知。

· 6 到 10 点，产品经理已经初窥门径，开始更立体地对产品工作进行理解和执行。具备基础的技术素养，让产品经理可以更有效地评估方案的复杂程度和可行性，更好地同研发同学沟通；通过有效的项目管理和版本发布，保证项目的正常如期交付；通过关联知识的学习，构建更多元的思维模型，从而提供不同的视角与态度。

·11 到 16 点，抵达这一阶段的产品经理已经可以独当一面，开始通过市场的定性调研与定量分析去规划一款产品，通过协调不同资源来共同完成产品功能、实现上线，并同市场团队、渠道团队一起完成产品的宣传和投放工作，让产品得以面对更广阔的用户群体。

·17 到 19 点，产品经理需要进一步结合自己的工作经历和能力象限，梳理出适合自己的产品方法论和工作习惯，并将其中可复用的内容沉淀下来，传递给更多的产品新人，帮助他们成长和进步。

产品经理能力象限

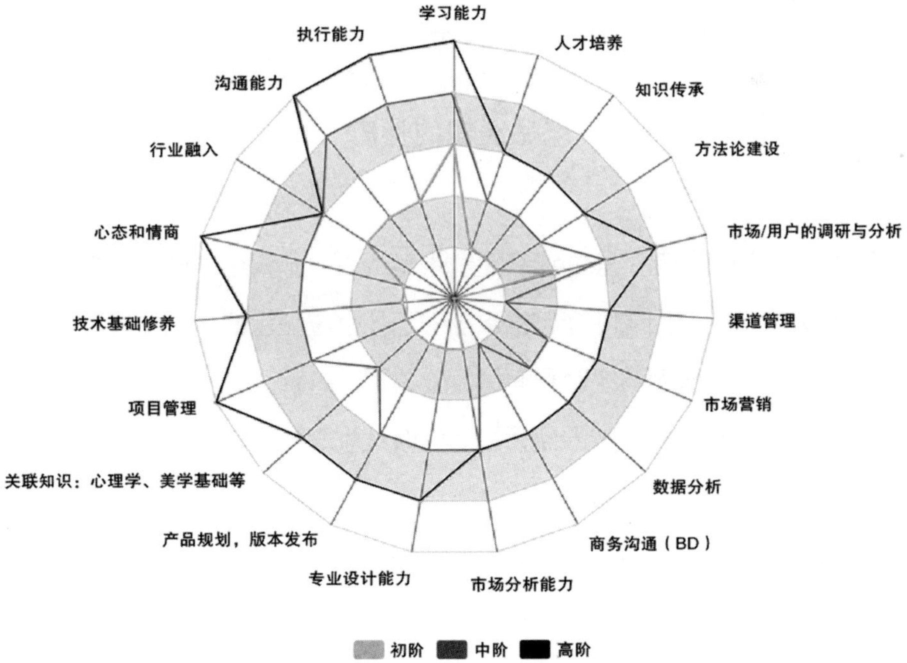

基于对于产品经理的能力划分，我们不难看出：对初阶产品经理而言，最重要的是坚定地做（高效执行）和聪明地做（掌握做事的套路和方法）；随着不断地进阶，中高阶的产品经理最重要的工作是决定做什么（产品的规划和设计）和做不做（在限定成本结构下的最优化选择）；再进一步，才有可能一窥神级产品经理的产品哲学，就如张小龙在微信7.0发布后在朋友圈所说的“你未看此花时，此花与汝心同归于寂；你来看此花时，则此花颜色一时明白起来”。

正所谓“努力决定下限、天赋决定上限”，神级产品经理或许更多的是停留在愿景当中可遇而不可求。但是对决定了从事产品经理工作的你我而言，只要努力积累和学习，就可以像走出了新手村的玩家一样，一路打怪升级攒装备，成为资深产品经理，能够负责一个产品功能或业务线，拥有属于自己的一片风景。

产品经理的特质

校招季告一段落，陆陆续续面试了不少人：本科生、硕士研究生、博士研究生都有。因缘际会，也被拉进了几个应届生的产品经理群，群中同学们相互交流面试经验和面试体验，好不热闹。

在一片恭喜声中，有人问我，如何面试应届生。

一时冷场……

呃，我还真是个擅长冷场的家伙。

当然，只抛出问题不给出解决方案就是耍流氓。

所以，接下来我会首先解释一下为什么我不太招应届生产品经理，再来介绍具有怎样特质的人可能适合做产品经理，最后给出一些关于行业、公司和职位选择的建议。

一、为什么不太招应届生产品经理

客观上说，我不太招应届生产品经理，这是由产品经理这一岗位的软硬件需求决定的。不同于研发类岗位有结构明确的、可培养的技能栈，产品经理所需的并不是专学而是杂学。你说产品经理是杂学家也行，是万金油亦可。

· 在产品构思层面，需要将对个人和群体的思考、对生活的体验与感知融入产品蓝图，规划出具有用户价值的产品服务。

· 在功能设计层面，既需要有代入者的同理心，又需要保持观察者的客观性，代入使用场景，拟合用户的使用方式，设计出实用、易用的产品功能。

· 在业务迭代层面，需要有旁观者的理性视角，不要敝帚自珍，尊重数据和用户的选择，对既有功能做出更合适的调整。

· 在项目推进层面，则需要很好的团队协作精神，学会必要的坚持与适当的妥协，以合适的项目拆解，遵循 MVP 模型快速上线验证。

刚从象牙塔里走出的同学在经验阅历、个人眼界、同理心上往往不容易达到产品经理的岗位需求，很难达到“来之能战、战之能胜”的标准。只有有了一定的实习经验或者相关领域工作经验后，这些同学才更容易过渡到产品经理这个岗位。这也是你会发现产品经理过往工作背景、学识驳杂的原因。至于我，也是技术背景转产品的一个例子。

在对产品经理的认知上，太多应届生同学是模糊的。在面试中，我时常会问同学们两个问题：你为什么要选择做产品经理？你还投了哪些公司和岗位？

第一个问题的回答往往基于憧憬：改变世界、张小龙的微信、张一鸣的头条、王兴的美团、黄峥的拼多多、互联网传奇等侃侃而谈，各种产品八卦信手拈来。

第二个问题的回答则更加多样化：鉴于产品经理并无明确的专业技能要求，互联网又是一个听起来挺酷、薪资待遇不低的行业，所以想去各类公司都试试。还有不少同学骑驴找马，在投了互联网公司的产品经理岗位的同时，也投了那些专业对口的公司（如工程、建筑、教育，等等）。

开放性的回答并无对错，但是这样的答案让人意识到：很多同学可能并没有真的准备好要做一个产品经理。关于第一个问题，想做大明星的人比想做一个好演员的人更容易受挫；关于第二个问题，如果做事没有明确的目的性，只是抱着划水试试的心态，又如何知道你得到的或者错过的，是否真的是你想要的？

二、产品经理的六大特质

如果你非常笃定要成为一名产品经理，那我们再来看看，你是否具有从事产品经理这一岗位的特质。如果你有如下特质，或许能够更快、更好地做出成绩。

· 好奇心：只有那些真正热爱“互联网 +”行业，相信科技和数据能够改变生活的人，才会持续地在特定领域投入；对于新涌现的产品应用，才会有自驱的动力去下载把玩一番。产品经理的认知半径不应该局限在大众性产品上，小众的产品、跨品类的产品同样能够给我们带来不一样的认知。比如，最近微信开放查询注册微信的日期，我的朋友圈里涌现了一堆 2909 天的记录，都是在微信开放的第一天就入驻的产品经理观光团。

· 同理心：创造是为了什么？是为了自我记录还是为了价值传递？对产品经理来说，创造一个产品大概率是为了价值的传递。如此，就需要我们具有同理心，能够感受他人的喜怒哀乐，去揣摩用户的使用场景、使用心态和对功能的认知。多从用户的视角、旁观者的视角，而非“本我”的视角去重新审视和理解问题。

· 逻辑判断：想什么是一回事，做出来是另一回事。大家常说，建筑师是介于理性和感性之间的存在，需要将感性的情感灌注于蓝图上，再通过严谨的实践将蓝图落地。从某种角度上，产品经理也像是建筑师，需要有将自己脑海中的产品蓝图拆解、落地的能力。

· 人文素养：生活是立体的，人也是立体的。如果你热爱影视、音乐、文学等，如果你除了专业领域外还会涉猎其他学科，那么无疑特别适配产品经理这个杂学家的岗位。跨领域的知识背景能够给你不同的看待问题的视角，从而起到触类旁通的作用。

· 学习力：事实上，学习力应该是各行各业的通用能力。变化太快了，同一领域里会有新的模式和玩法涌现，观察对手会给我们以新的启发和思考；不同领域里，会有新的赛道涌现，甚至出现跨界打劫的玩家。既然变化是唯一确定会发生的事情，那么快速自学的学习力自然是我们应该具备的重要能力。

· 沟通力：产品经理构建的是蓝图，需要借助研发、运营、商务团队同学的配合与协调才能完成最终的产品落地。碰到资源冲突等问题怎么办？如何有效地推进和解决问题？这些都是对产品经理沟通能力的考验。

第一份产品经理工作，你该如何选择 Offer

那么，产品小白应该从怎样的角度来切入呢？

就我个人的观点，对于校招生和跨界转行的产品经理来说，在选择成为产品经理、选择成为某个行业的产品经理时，可以更审慎一些。“未思成先思败、未思进先思退”，片面地追求当下的热门，万一黄在了公司或者项目上，对自己职业生涯的起步未见得是负责任的做法。

稳定的时间、成长的空间是考虑 Offer 的两个角度。之所以在这里不涉及收入，是因为对于第一份工作而言，个人成长可能是最重要的决策因素，只有个人能力的增长才能带来后续更高的收入增长加速度。

我们通常建议的 Offer 排序标准是：

大公司的主力部门＞小公司的主力部门＞大公司的创新部门＞小公司的创新部门。

大公司能够提供相对更稳定的发展空间，有更完善的培训体系，但是成长晋升的空间可能会按部就班；小公司有更大的尝试机会和晋升空间，当然也意味着更大的结构性风险。而在同一家公司内部，主营业务的路径更明确，也能够给新人更长的学习和成长时间。创新性业务则要看年景，其碰到资本寒冬时往往会第一个收缩，从而带来更大的不确定性。此外，同一公司的不同部门间，也会因为部门负责人的工作风格有不同的工作氛围。选工作就是选老板，建议多询问师兄、师姐，收集更多的信息作为参考，做出更理性的选择。

转载一段看来的关于价值投资的判断，我觉得同样适用于个人的职业选择：

· 这是不是一家全方位领先竞争者的公司？（现在）

· 这是不是一个快速增长、有着清晰增长路线图的公司？（未来）

· 这是不是总体上在你的认知范围内最佳的选择？（有效前沿）

由于产品经理的技能依赖迭代更新得很快，且没有一门专门的学科体系是对应产品经理的，所以在实操过程中，产品经理的成长会更依赖导师机制，靠传帮带的方式来快速形成工作习惯和工作方法，形成对产品定位、产品价值的判断。

以下，就让我们一起走进产品小白阿聪和产品经理阿呆的世界，跟随着阿聪从竞品跟踪、迭代单个功能点到独立负责项目的成长路径，一起看看产品经理的基础技能树如何成长。

目　录

Contents

第一章

达·芬奇画蛋：产品经理的基本功

第二章

初学乍练：改进已有功能点

第三章

牛刀小试：负责独立功能

第四章

前路漫漫：出师才是新历程的开始

| 第一章 |

达·芬奇画蛋：产品经理的基本功

这一阶段从事更多的是基础性工作，如日常性地追踪 App Store 榜单，去看看有哪些值得借鉴的；从自己的业务线出发，去比对竞品的功能特点，做竞品分析；进行数据的标注和分析，时常查看自家产品的报表，从一线的数据里建立对用户使用习惯的拟合和认知。

产品经理面试究竟在面什么

阿聪的陷阱面试题

扶了扶眼镜，我上下打量着眼前这个刚刚毕业的年轻人——阿聪。他阳光、朝气、踌躇满志。在未来的一年里，我将会成为他的导师，带他一起完成手头的项目：将一个短视频业务的日均播放规模提升四倍。

“阿呆老师，您给我安排点什么工作呢？”阿聪迫不及待地问。

“走，我们先去喝杯咖啡，边喝边聊……”我起身，带着这个踌躇满志的小学徒一起走进了楼下的咖啡厅。

“阿聪，你对面试过程中哪个问题印象最深啊？”我问道。

“国庆前夕，如何进行国庆期间的特价机票推广。”他回答道。

“那你是怎么回答这个问题的呢？”

阿聪显然很有信心，开始侃侃而谈。

“题眼在于国庆和机票。围绕国庆这个时间点，大家往往是回家和旅游诉求，我会针对白领、家庭、学生、单位团体等不同出游对象分别进行用户画像研究，然后制定对应的推广营销策略。比如，白领平时工作忙碌，消费特点是……我针对白领的推广策略是……最后，我们可以为购买机票旅行的顾客额外提供一条龙的配套服务来提升顾客体验，比如，附加酒店的预订、旅游路线的预定，等等。”

等他说完了这一通，我眼前的美式咖啡刚刚好降到适宜的温度，我故作前辈的姿态，悠悠地问：“你说得都没错，但是我补充两点：对于运力资源来说，国庆是一个供给远小于需求的时间点，为什么会出现特价机票？对于用户端来说，大多数旅行安排是有前置的出行航班规划的，那么在国庆前夕释放出的特价票针对的是哪些人？”

接下来是安静，连咖啡机蒸汽阀“吱吱”的声响都听得一清二楚。

我补充道：“没错，这是一道陷阱题。除了常规的用户分析、针对不同用户群体的转化策略以外，这道题里面还有一层含义，就是追溯平台和服务提供方的意图：是谁发起的打折，为什么会发起打折，去哪里的机票打折。

“是航空公司发起的打折吗？那究竟是哪家航空公司、哪条航线的机票在特价打折？是否正好是对应地点的出行淡季？

“是差旅平台发起的打折吗？那么它是否想以这个方式作为噱头来借势扩大自己的知名度？类似‘双十一’免费清空你的购物车？

“用户购买的并不是特价机票，而是性价比更高的到达特定目的地。围绕特价机票的目的地进行包装，才能更好地激发出用户的出行欲。”

“在现实工作中，产品经理都很难有机会像一些理想化书本中所描述的那样，承接一个天马行空的开放性题目。我们更多在做的是命题作文：带着公司意图和既定假设与约束，寻找产品同用户需求的结合点。”

“你的回答不能说错，但是不把出发点搞清楚，很可能就跑题了。”我说道。

聪明如他，若有所思。

产品经理面试的考查点

不同于研发同学的面试可以直接通过编程算法题目见真章，产品经理的面试更多的是以聊为主。究竟聊什么呢？聊阅历，聊思路，聊判断。

对于有三五年经验的产品经理而言，自己做过的项目就是最好的简历和背书。由于互联网圈子很小，所以稍微打听一下就会知道对应产品经理的工作能力、对项目的贡献，团队内和跨团队的口碑等。所以，对于资深产品经理的面试，往往不会只聊是什么，而会探讨为什么。一方面，会交流对原有业务的思考与总结，讨论各种可能性和优化空间；另一方面，会探讨对于新业务和新团队的理解和要求。

对原有业务的思考，主要考查的是产品经理的思考深入程度：在空间维度上，对于行业的理解和自身业务的定位；在时间维度上，对于产品不同阶段的拆解和划分，回溯业务发展过程后的复盘。

对于新业务和新团队的理解和要求，更多的则是一个双向选择的过程。也许应试者的能力和过往经历没问题，但是大家的工作方式不一样，对于新业务的预期不一样，会造成无法融入团队、无法发挥出最大优势等问题。

对于没有丰富经验的产品小白而言，由于没有负责过大项目，做的很多事情都偏向于执行，所以面试中并不会过多纠结过往的项目（行业认知），更多考查的是解决问题的思路、遇到挑战时的应对和分析。对于问题的回答并不要求面面俱到，而是希望在有限的时间里，应试者能够展示出自己是如何拆解问题、做重要优先级划分的，并争取做到逻辑自洽。

通常，面试官会揪住你回答中一个不太严谨的点进行深挖，去探讨这个点上的各种可能性。请明白，面试官如此举动并不是在为难你，而是希望看到你在被质疑、被挑战时的情绪反应，遇到问题后的拆解和处理方式。自圆其说也好，迭代改进也罢，重要的考查点始终在答案之外。

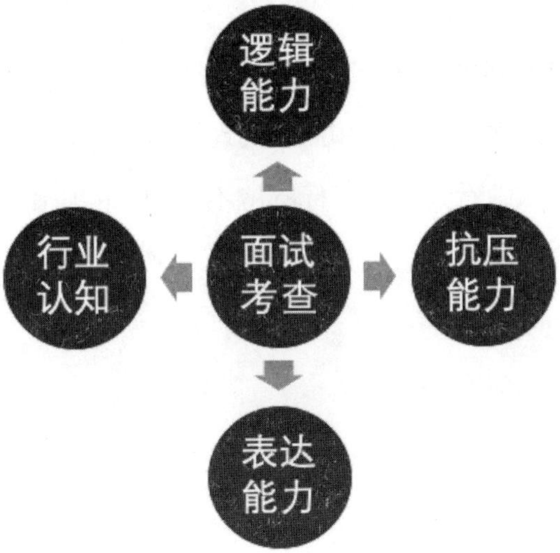

以常见的一些面试题为例，我们可以站在面试官的角度，看一下这些题目想考查什么。

1. 你觉得什么是成功的产品？

绝大多数应试者会反馈 C 端的用户规模和用户价值，但是很可能会疏漏产品的生态价值（如给 B 端服务供给者提供了生存空间）和产品对于公司的盈利价值（如工具性产品如何盈利变现）。

2. 你最近在使用什么 App？你喜欢什么 App？请介绍一下你为什么装这个 App。

试图了解应试者的好奇心和分析力，有没有围绕自己感兴趣的领域探索新 App；有没有从产品经理的视角去分析一款 App 内提供的服务，比较它和其他 App 的异同点。

3. 怎么估计一个商场、机场的人流规模？

试图考查应试者的数理分析能力，落点在于数据的收集、采样和对样本数据的统计分析方式。

4. 为什么选择投递这个职位？

试图考查应试者对于职位和业务的理解，是否做过充分的前置调查。我们经常会在面试中看到对于目标岗位不甚理解的应试者，他们希望的或许只是一份工作而已。

扫榜尝鲜，拓展认知广度

你的手机里装了哪些 App

书接上文，喝完咖啡，我和阿聪返回办公室。

阿聪突然发问道："阿呆老师，您之前面试的时候，碰到过什么有意思的问题吗？"

阿聪的话，使我回忆起自己还是一个菜鸟时，坐在会议室里被面试的场景。想了想，我给出了自己的答案："我觉得，最有价值的一个问题就是：你的手机里有哪些 App？阿聪，不如我们也看一下你手机里装的 App？"

阿聪老老实实地打开了自己的手机，王者荣耀、微博、微信、知乎、网易云课堂等，大体集中在游戏、社交通信和教育上，还分门别类地按照 App 类型建立了文件夹。

“怎么样，阿呆老师，塑造出我乐观好学的形象了吧？”阿聪打趣道。

“嗯，作为年轻人的确是乐观好学。但作为产品经理，有点不求上进，满屏都是大路货。”我毒舌道。

“阿呆老师，不至于吧……”阿聪不服气地道。

“别说我欺负新人，开 App Store，咱俩一起扫榜单。”我对阿聪道。

按照榜单上的应用顺序，我和阿聪一款一款地过，我指一款，阿聪描述一款的特点。微信、微博等常驻榜单之首的自不待言，交通银行、招商银行等工具类 App 的霸榜也不出意料，像小红书这样主要服务于女性用户的购物类应用，阿聪也答得出来。

过到第 79 位时，指着榜单上一款名为“无他相机”的 App，我道：“这款试过吗？”

“呃，你试过？”阿聪卡了壳，不服气地道。

“我要是没试过，就该你当我的导师了。”我解锁手机，打开对应的 App，递给了阿聪。

“喏，是不是发现自己又白又帅？”我对冲着自拍镜头臭美的阿聪道。

“不不不，这是如实呈现。”阿聪道。

我翻个白眼，道：“这款 App 最核心的卖点在于实时美颜，调用相机的同时，就在进行美白和瘦脸的操作，用户就不需要拍照后再 P 图了。把两步变成一步，路径的缩短就带来了产品的价值。”

“还真是。”阿聪兴致满满地开始拍照。

“欸，自己装一个去，这是我手机！”我一把夺过手机。

“怎么样？没哄你吧？”我继续说道，“作为产品经理，需要对市场保持足够敏感。有哪些新的、热的应用，就算不是我们的竞品领域，同样也需要关注。他山之石可以攻玉，它们或许能够给我们带来不一样的想法。

“当然，只有用户规模大的市场，才能产生足够的创新模式与功能。所以除了中国区的榜单，你也可以同时刷美国区的榜单，就算自己没有想法，至少也可以在 C2C（COPY TO CHINA）的时候能快人一步。2018 年比较热的几款视频和社交 App，就是从美国抄过来的模式。”

阿聪点点头，道：“我明白了，后续我会多关注榜单的。”

不错，孺子可教也。

开会时间到了，我夹起笔记本走人。走出两步，扭回身对阿聪道：“对了，别在意那道国庆特价机票的笔试题，我也被坑过。我做新人时给出的答案比你差。”

听到此语，阿聪嘴角不经意地扬了扬。

“给你布置一个任务，今天回去先把 iOS 和 Android 的榜单扫一遍，看看哪些功能对短视频应用场景是有借鉴价值的，明天下班前给我哈。”我道。

对于产品经理而言，持续关注新生事物的重要性自不待言：通过关注那些新涌现出的 App，分析它们当中包含的新玩法、新创意能够给我们以很好的借鉴和参考。那么，一般该从哪里去发现这些应用呢？这里给大家介绍几项基础的服务。

1. 七麦数据（原 ASO100）

七麦数据是国内一家专业的移动应用数据分析平台，覆盖了 App

Store 和 Google Play 双平台，提供了多维度的数据。在该平台上，用户可以关注总榜、上升榜等不同榜单，快速地发现有哪些新应用正在流行。

通常，建议新手产品经理每周过一次中国区和美国区总榜 Top500，体验一下新的应用，了解它们的闪光点。对于自己产品所在的类目和公司，可以关注得更勤一些，看有哪些新应用上架。在大公司，还会有专门的分析部门支持这项工作，每周产出最近上升比较快的新应用列表和竞品应用的最新功能更新。

2.Product Hunt

通过 App Store 扫榜的方式，我们发现的更多是那些已经崭露头角的应用服务。而 Product Hunt 则是一个发现新产品的平台，开发者可以在网站上提交自己的产品，平台会基于编辑和大众的打分、参与程度来确定应用排名、更新每日榜单。通过这一平台，我们可以了解到蛮多新颖的产品和服务。与其定位类似的，还有 IT 橘子旗下的 Today（http://today.itjuzi.com/），更关注国内的新产品动态。

当然，对于新手产品经理来说，这一网站提供的尝鲜意义更大，有所了解即可，可能不会那么快速地应用于自己的日常工作当中。

3. 少数派

少数派是一家国内致力于传播优秀数字产品的网站。网站上的“应用推荐”栏目，会以编辑精选的方式定期推荐值得关注的产品和服务。编辑通过深挖特定主题，能够帮助我们快速概览某个主题的应用，有效拓展认知边界。

如何结识一款 App

阿聪的产品分析报告

翌日晨，阿聪举着手机来找我，和我分享他刚刚尝鲜的一款学习类App。本来忙着准备工作汇报的我，看到他整理出的整张脑图和长长的功能改进列表，还是停下手边的工作，听听阿聪的产出。

毕竟，认真工作的人值得被认真对待。

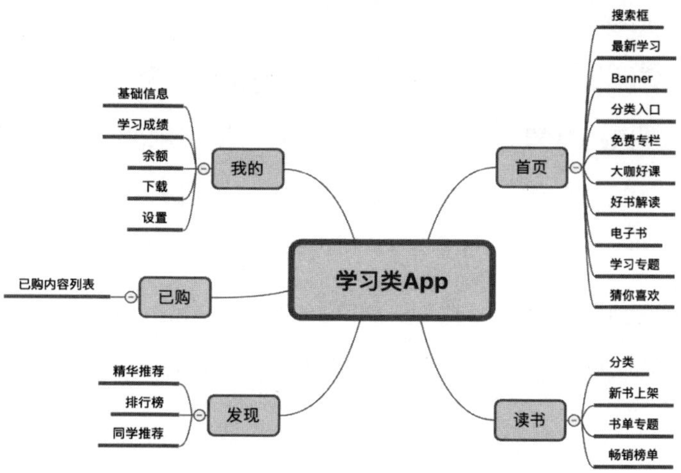

在阿聪的脑图中，详细地罗列出了应用的所有一级入口和二级入口，还对应用中的某些功能提出了改进计划。看得出，是用心整理的。

“花了不少时间吧？”我问道。

“是的，昨晚做了四个小时。”阿聪回答道。

“态度 80 分，产出 60 分。”我打趣道。

“为什么？阿呆老师，我绝对会努力工作啊。”

“努力工作当然很重要，但更重要的是聪明地工作。”我答道，“来来来，我传授你一套分析新 App 的内功心法。”

三步法结识一款新 App

之所以用“结识”二字，是因为 App 并不等于产品服务。它只是服务用户的承载体，是连接服务与用户的纽带。站在服务的角度来看，有很多的功夫并不体现在 App 表层，而是落在背后的资源供给、匹配效率、算法优化等层级上。

App 更像是一扇窗，我们通过分析 App 来一窥产品服务的脉络和结构，试图去揣摩和还原产品服务的立意。在分析的过程中，我们并不追求事无巨细、尽善尽美，而是要抓大放小，快速地把握住 App 的特点、确定和同领域其他 App 的差异点，等等。

为了达到这一目的，我们或许可以遵循如下的三步法：从行业到应用，确定领域特点；抓大放小，由表及里；背景调查，兼听则明。

一、从行业到应用，确定领域特点

一款应用所处的行业往往会影响我们在分析这款应用时的侧重点。这是因为处于不同发展阶段的行业，产品应用有着不同的特点。

在格局已定的成熟领域里，各家 App 的差异性往往不大。在台面上可见的交互、功能层面多表现为微创新或运营向支持，真正的产品竞争则是发生在台面下的资源和效率之争。以新闻资讯领域为例，市面上各家 App 已经长得越来越相似了，产品的功能和布局近乎像素级拷贝，从产品交互层去看意义不大。大家真正比拼的是上游的内容建设能力和下游的内容分发能力：腾讯系的应用有着渠道（QQ、微信）和上游内容资源（NBA 赛事、视频、网文、漫画）的优势，而头条系的应用则有着强大的增长效率和算法分发能力。对于这样的成熟行业，只分析应用内的设计结构可能并不会给我们带来什么收获，要跳脱出来，拓展到上下游来看才会有收获。

在竞争激烈的发展期行业里，每一家都在快速迭代和试错。通常建议比较着来看，看看每家都在做什么事情、引入了什么功能。以美图类软件来看，每隔一段时间就会有新的玩法、新的创意出现，比如，能够在拍照时就做到实时美颜，在应用内植入拍照姿势，又如类似电影字幕的大片效果，或是应用算法结合时下剧集的换脸特效等，不胜枚举。每一个新功能、新玩法的诞生，都能够拉动一波日活和传播。对于这样的行业，把自己代入产品负责人的角色里思考会显得很有价值。如果自己操盘做这件事情，会做出怎样的产品决策方案，这通常能够带来不一样的体验。

而在百花齐放的新兴行业，各家参与者都在探索可能的解法，呈现出更强的多样性。比如，市面上有很多 AR、VR 领域的应用，每一家都在做尝试性的东西，落实在应用层面的功能各有千秋，毫无可比性可言。这类型的应用，看看当尝鲜即可，不必过度解读。

明确了产品所处行业的特点后，就可以基于 App Store 的分类下载排行榜或者是 QuestMobile 的日活数据来罗列这个行业里具有影响规模的产品服务，便于后续的对比分析。

二、抓大放小，由表及里

在网上常见的应用分析中，我们经常会看到作者从第一个“首页”Tab 开始，一路分析到最后一个“我的”Tab，巨细无遗地罗列出各种功能入口和交互逻辑。这样的做法与其说是勤奋，不如说是傻干，把精力浪费在了投入产出不高的地方。

站在用户的角度，产品吸引用户的必然是核心功能场景，没有多少用户会遍历一款应用的各种入口，也不会因为次要场景或功能而留存。站在应用服务商的角度，也一定会将自己最核心的服务暴露在主要的入口处而不会藏着、掖着。所以，产品经理通过抓大放小，分析 App 的主干场景与核心功能，往往能够更快地分析出应用的特点和服务提供方的意图。

以“得到”的 iOS 5.2.0 版本为例，应用的五个底 Tab 分别为“发现”“学习计划”“知识城邦”“已购”“我的”。由于“已购”和“我的”更偏于消费后承载，我们可以首先关注其他三个 Tab 来了解用户是如何探索发现内容的。

作为入口，整体结构也相对繁杂：

· Banner 作为广告位，可忽略。

· 下方两列分别是功能入口导航和内容分类导航。

a）功能入口导航展示了其主要的四类单品（电子书、有声书、实体商品、课程）和组合维度的付费内容专题。

b）内容分类导航将内容的六大组织维度梳理排列，便于用户主动筛选查找。

· 直播区域为非固定区，只在有运营活动时展现，用于提供全局入口。

· 展现在首屏里的最后一个模块，是每个用户都能够免费消费的内容专区，更亮眼的“播放全部”按钮能够让未付费用户更快地上手应用、消费内容。

· 首屏之下的内容区块，通过不同的维度进行了内容推荐：每天听本书、最近更新的课程、热门排行榜、电子书特价、内容专题等。

如果说第一个 Tab 通过系统或人工推荐给用户展示内容，试图引发用户的兴趣，那么第二个“学习计划”Tab 就给那些有主动学习意愿的用户提供了快速制订计划并遵循计划学习的服务。在 Tab 的布局中，最醒目的位置展示了每日的学习入口，顶部栏中分别给出了日历和计划调整的两个功能型入口。

第三个“知识城邦”Tab 提供的不再是内容输出，而是内容沉淀。Tab 提供了基于课程内容沉淀、弱社交的场景，让用户可以传播课程的笔记，或者关注同好。

综上，三个主要 Tab 的定位已经相对明确了：“发现”让用户被动发现想学的内容，“学习计划”让用户主动聚焦于当下所学，“知识城邦”让用户探索交流所学。考虑到用户的使用习惯和路径，三者呈漏斗结构，用户规模依次收窄。

完成了产品主要场景的结构和功能梳理后，我们可以进一步由表及里来追溯数据流的构成。通常会从数据的类型种类、数量规模，数据的生产方式、消费流转方式等角度分析数据流的流转。

同样以“得到”App 为例，浏览“发现”Tab 可以发现，应用提供的主要有以下几种产品：

· 专栏：年包日更的形态，形式最重，生产成本高。

· 精品课：更像是精简版的专栏，课程节数有限，主讲人通过几节课阐述一个主题。

· 每天听本书：标准化产品，通过解读者产出文稿 + 声优配音的方式生产，达到一定程度的覆盖面。

· 电子书：第三方电子书，其中不乏“得到”买断电子版权或独家首发的电子书。

·实物商城：实体内容的分销，更多的是面向“得到”目标人群的消费特点，而不局限于内容产品。

进一步，通过“得到”在2017年10月的活动页，可以获悉不同类型内容产品的数量规模。如果想进一步了解，我们还可以通过人工或技术抓取，补充不同内容产品的分类属性和消费规模。

内容产品亦需要生产，在分析完内容的类型和规模之后，可以进一步追溯不同内容背后的生产者形态。结合页面中展示的信息进行揣摩：很多精品课的出品人在知名度和传播度上比专栏的出品人更高，这或许是因为已有更高社会知名度的人没有足够多的时间来完成专栏的工作量（比如老罗开了一半就退款的专栏），抑或是因为很多垂直领域的知识结构不足以支撑日更的内容形态。相较于精品课和专栏，“每天听本书”的生产结构显得更为稳定和去IP化：相对松散组织的撰稿人和相对固定的声优对接，就能够完成内容的生产。当然，前述只是假设，进一步的认知有赖于联系对应的主讲人（撰稿人）或是“得到”团队的内部编辑才能建立。

三、背景调查，兼听则明

我们看到的已经是应用发展到某一个阶段后的状态，应用是如何演进到当下阶段的呢？通过对应用历史版本的回溯，我们可以获悉各个版本的功能更新和用户评价，帮助我们建立时间维度上的认知。应用的历史版本信息，我们同样可以在七麦数据上找到。

此外，对于一些热门的应用，我们还可以在如知乎、36Kr、人人都是产品经理等网站上搜寻相关信息，看看他人是怎么评价这些应用的，同自己的想法进行交叉验证。

综上所述，在分析一款 App 的时候，我们大体上可以参考如下的路径，更快速地构建自己对于应用的认知。

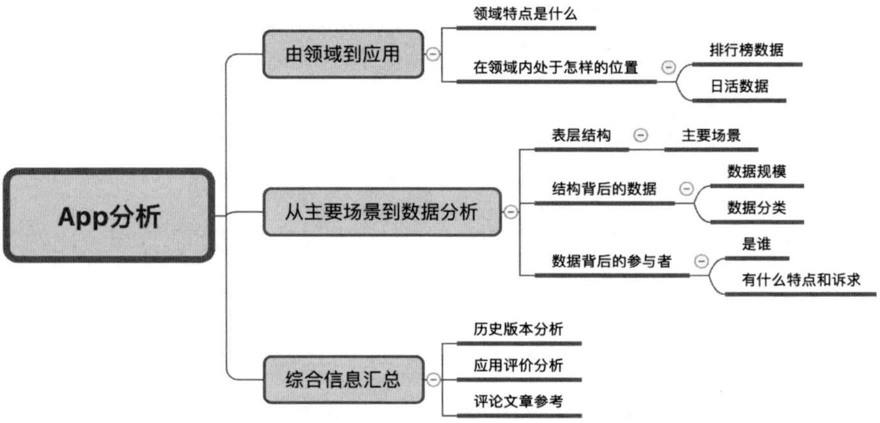

此后，我又把对这款 App 的具体看法给阿聪分析了一遍，从这款 App 的初衷到主要版本更新都做了介绍，阿聪听得点头不已。

“另外，告诉你一个秘密！”我故作神秘地道。

“什么？”

“知道为什么我对这款 App 了解得如此清楚吗？”

“您又有秘籍可以传授？”阿聪垂涎欲滴的神态活像一只小狐狸。

“不算秘籍吧，只能算是秘密。”

“什么？”

“这款 App 就是咱们公司出的，我参与了立项全过程……”我笑道。

我知道，自己在那一刻的模样活像一只老狐狸。

从一个切面做产品调研

“刚才我们聊的，是如何快速地了解一款应用。接下来，可以换一个角度，从特定的角度去梳理市场上相关竞品应用的情况。既然我们做的是短视频业务，不如从视频资源的角度，做一个竞品分析吧。” 我对阿聪说。

“目标是我们要和 CP 对接引入短视频资源，那么拆解下来，我们就需要依次明确：

“1. 我们应该标注哪些竞品的数据（比如优酷、搜狐、微博、秒拍等）；

“2. 参考我们的短视频 App 调性，我们能够承载哪些内容，或优先标注哪些内容；

“3. 在数据标注时需要包含和覆盖哪些维度，比如视频集的标题、发布者、播放情况等。

“我说的你明白了吗？”

“保证完成任务，三天后交。”阿聪道。

三天后，我想起来这事，问了一句：“怎么样了？”

阿聪难得地面露难色：“阿呆老师，再等几天吧。”

“哦。”

又是三天，我再次问：“怎么样了？”

阿聪还是有点扭捏：“阿呆老师，要不再等几天？”

“三天又三天，三天又三天。你在演无间道啊？不管什么情况，是骡子是马拉出来遛遛。”

看到阿聪给出的文档，我傻眼的同时也算开了眼。

文档的最上方，有密密麻麻的竞品比较，既有爱奇艺、优酷、腾讯视频，也有快手、火山、抖音、秒拍，甚至还有 Vue 这样的拍摄工具，从公司规模，到公司定位，再到行业分析链接，都罗列出来；随后，给出了典型短视频市场的分析，将各个高热类别都进行罗列，每个类别还有典型的视频创作者样例；最后，描述了一套抓取系统，研发通过爬虫爬取各家的视频信息，将其信息收录入库，并形成可对比、可更新的系统，甚至已经询问过了研发，记录下了相关的实现成本。整篇文档又是数据分析，又是产品功能结构图，洋洋洒洒近万字。

“做得很辛苦吧？”我问。

“嗯，思绪脉络太多了，写到一半就会发现又需要补充新的东西。”阿聪搔头道。

“离题万里，白费工夫。”

产品经理的日常工作当中，经常需要针对某个具体问题或特定功能点进行竞品调研。在上面的案例中，所做的就是最基础的资源覆盖型调研。在资源覆盖调研这个案例上，包含三层逐步递进的问题：

- 需要排查的竞品范围是怎样的？
- 结合自身业务特点，竞品排查的优先级是怎样的？
- 在具体排查过程当中，应该关心哪些维度的数据？

在确定竞品排查范围的时候，可以适度扩大候选集，这是因为不同的应用彼此间往往会有领域的交叠。以资讯类消费而言，我们会发现两个行业特点：其一，新闻应用早就成了综合型的内容消费应用，新闻性内容、娱乐性内容、短视频与小视频等不同题材和内容都囊括其中；其二，非新闻类的应用内也会植入内容信息流，从而出现跨界打劫的情况，如百度、Wi-Fi 万能钥匙、UC 浏览器等。

在确定竞品候选集之后，产品经理就需要在时间和人力成本的双重限定下进行更有针对性的筛选：具有业务相似性和用户相似性是最高优的选项，而那些仅提供了相似功能但是面向业务和用户不尽相同的可以降低优先级。以短视频应用的资源覆盖为例，微博、西瓜视频的优先级显然比爱奇艺更高。如果这款短视频应用是面向中老年人的，那么分析美篇、糖豆广场舞等应用上的短视频资源显然比 B 站、秒拍上的资源更优先。

确定了要分析的竞品之后，我们可以基于分析意图进行数据维度的筛选。在资源覆盖的问题上，待得出的结论无非是哪些品类数据值得优先覆盖，哪些内容提供方值得优先接洽，优先级的评价标准就在于对应内容在不同竞品平台上的消费规模和消费评价。以面向年轻人的视频消费应用为例，我们筛选出的竞品有 B 站、微博、最右、游戏直播应用。基于这些应用的榜单、分类和详情页的数据指标（播放量、互动量）的爬取和标注，可以用来确认不同分类和内容提供方的热度情况。最后，汇总多平台的数据可以构建出有参考性的全网内容表现，从而收敛得出内容覆盖的结论，指导我们的后续工作。

阿聪分析报告中反映出的问题，其实是新手产品经理最容易犯的问题：贪大求全，过于追求面面俱到，却忘记了决策的时间和人力成本约束，导致缺乏针对性。从事产品经理工作的同学通常是思维发散活跃的人，但是越是思维发散活跃的人就越容易信息过载，也就越应该在分析具体问题的时候专注而收敛，让自己始终聚焦在同一个切面上，只有明确了要解决的核心问题是什么，才能从过载的信息当中梳理出一条主线来，围绕主线来投入精力。

即便是被委派了更综合性的任务，如竞品调研、行业分析，我们同样可以将大的调研分析任务拆解为几个明确的子任务，比如：

· 市场盘面与竞品数据规模（日活、市场、增速）；

· 几个核心共性场景功能的横向对比；

· 竞品独特功能的亮点分析；

· 运营层的特点。

将综合性的大任务拆分为彼此独立的子任务，降低任务间的耦合程度，我们可以一次只关注一个特定的切面进行调研，更快速地完成任务。

“讲了这么多，明早给我一份新的报告。”

“好的。”

“另外，导师机制的存在就是为了授业解惑的，碰到有疑惑的就问，别自己死扛。你想啊，要是我指派给你的工作远超你现在的工作能力，那我才是真正有问题的人。”我道。

“明早，明早保证给。有问题我一定问。”阿聪道。

“好的，等着你的处女座导师明早拍砖哈。”我笑道。

“嗯嗯，我搬砖，您拍砖……”

写一份形式合格的调研报告

早晨，当我打开邮箱时，收到的第一封邮件就是阿聪做的调研报告。这份报告已经有些模样了：

> 背景和目标：
>
> 为了明确我们短视频 App 目前的资源覆盖情况，需要对市面上的短视频集合进行排查。将通过对主要竞品的分析获取较为完善的 CP 列表，通过与自身对比，得到自有应用的资源覆盖情况。对于尚未引入的 CP，将根据其在不同平台上的表现确立 CP 引入与合作的优先级。
>
> 引入内容形式：
>
> 30 分钟以内的原创短视频
>
> 筛查平台和内容 CP：
>
> 传统视频网站：优酷＞腾讯视频＞爱奇艺
>
> 短视频应用：秒拍＞美拍＞快手
>
> 微信公众号：很多 CP 都有自己的微信公众号，故排查热门微信公众号收集
>
> MCN：视频领域已经形成了 MCN 公司，故通过对 MCN 公司的排查了解其所辖账号和内容。
>
> 数据标注：
>
> 数据维度：节目名称、CP 名称、页面链接、上架时间、集数、累计播放量

我在微信上跟阿聪道："等你来了，我们开始拍砖。"

"处女座导师，我已戴好安全帽，等着您拍砖了。"

形式合格的报告

报告不是散文，而是应用文。应用文是具有目的性的：背景是什么，给谁看，解决什么问题。报告既是基于数据分析（客观），得出分析结论的终点，同时又是面向受众（主观），试图以所得结论说服老板和兄弟团队的起点。只有始终围绕目的，让报告的阅读者能够通过报告认可解决思路、参考或采纳解决方案，我们才算是输出了一份合格的报告。

一份合格的报告在形式上至少要包含三个部分：背景、分析过程、解决方案。

背景：为什么要做这件事情，是对行业背景、目的和必要性的交代。说明行业背景和必要性是为了说服老板立项的，即这个方向或者话题是值得花人力投入进行尝试的。公司的资源是一个有限集合，如果你提出的项目不重要、不紧急，那么为什么要消耗公司的资源来做呢？

分析过程：是基于怎样的逻辑线进行分析的，并证明分析过程是逻辑自洽且完备的。分析过程是整个报告中逻辑性、说服性要求最强的部分，即你要用受众可理解的方式告诉对方，自己是怎么得出解决方案的。

我们常说，做产品要秉承"以用户为中心"的理念，对于报告来说亦然。那么，谁是这份报告的用户？——老板和兄弟团队。

由于沉浸某个行业已久，我们往往会认为某些内容或结论的产生是理所当然的，容易忽视受众的认知和感受。

以阿聪给我的调研报告为例，在数据监测的平台层，直接抛出了视频网站的选择结果，那为什么不选择其他的视频网站呢？比如，为什么不选择 × × 视频，它是国内最早系统对接 MCN 公司的。不选 × × 视频，我们自然是有理由的：× × 视频的市场占有率确实已经很低了。对于内容出品方来说，他们优选的也是市场覆盖面更广的视频网站。所以，研究市场覆盖面更广的视频网站是具有代表性的。

但是，这些隐藏的逻辑过程，需要显性地体现出来。我们应该明确地说，基于视频网站的覆盖面，前三家服务的覆盖面已经非常广了，具有代表性，因而不需要考虑后续的视频网站了。

通常在进行报告的汇报过程中，老板对于行业背景并不十分清楚，于是会通过层层递进的几个“为什么”来获得他想要的答案。以我的经验来看，老板想要的答案并不在于做事本身。这个事情用方案 A 还是方案 B 是团队应该考虑的事情，而不是老板考虑的事情，老板真正想要确定的是，“团队对这件事情已经充分考虑过了，得出的是一个确定度相对更高的、老板已然无法挑出明显毛病的方案”。

所以，在完成了第一版方案后，我们通常需要以第三方的视角来重新审视整个方案的分析过程，尤其是可以请团队中对这个事情认知程度没那么深的同事来提前评审，这样才会有更多的“为什么”来帮助我们完善整个报告的逻辑链条和可读性。

我们在工作中是要解决问题的，而不仅仅是分析出来是非对错就止步。所以，搞清了“为什么”，接着就要关注“怎么办”，解决方案是整个报告的落地所在。

解决方案：对于解决方案，可执行性是最重要的。无论是自己执行，还是拆解给别的同事执行，都要保证解决方案的描述清晰、拆解定量、执行可落地。在上面的报告中，“微信公众号：很多 CP 都有自己的微信公众号，故排查热门微信公众号收集” 这个部分就是不可落地的。围绕这个点，就可以引发一系列质疑：

· 有那么多微信公众号，哪些才算是热门？

· 热门微信公众号是从新榜里去找，还是选取某些第三方公开的视频微信公众号榜单？

· 由于大部分微信公众号的视频内容都发布在腾讯视频，那么是否只要查看腾讯视频就足矣了呢？

所以，围绕可执行性，这一部分就可以调整为：“参照新榜指数，覆盖其总榜 TOP500 的账号，并对于其中发布原创视频的账号进行摘录和追踪。”

“来来来，挨个儿按模块拍砖。你的文档，在行业背景和目标上比较完善。但在平台选取和内容 CP 的筛选描述上，缺乏足够的数据指标来佐证完备性。比如，可以用 QuestMobile 的数据来佐证内容平台选择，用第三方报告来说明 CP 的筛选方式，等等。”我和阿聪一起修改了报告。

修改完毕，阿聪将需求转给数据团队，请他们帮忙进行数据的清晰化和标注。这也算是阿聪第一份正式影响团队的任务，预计会有三至五名数据团队的同事响应阿聪的需求进行工作。

我对阿聪道：“这就是产品经理所做的事情，一份方案会调动不少同事参照执行。从这一角度来说，也就要求我们想得更加清楚，才能避免别的同事做无用功。”

“嗯啊。”

“咱们三天后就该全面评估全网的资源分布数据，制订后续的资源建设计划了。”我对摩拳擦掌的阿聪道。

“哈哈，跃跃欲试。”

写好邮件，Be A 耐撕 Man

作为处女座老板，不免在截止日的前一天过问一下进度："阿聪，数据团队的标注怎么样了？"

阿聪立刻响应道："稍等，我去问问他们的进展。"

不多时，阿聪哭丧着脸回来了。

"咋了？又给你导师捅啥娄子了？"我拍拍阿聪肩膀，"没事，我心理素质很好。"

"我把项目安排通过微信告诉接口人了，可是他忘记了，结果数据团队对这个项目的标注正常启动了，但是人力投入不够，明天拿不到最终的标注结果。"阿聪抱怨道，"他也太不靠谱了。"

"停！"我打断了阿聪的话，"正式工作哪有用微信沟通的道理。自己没发邮件，程序不合规，这件事情怨不得别人，五分钟后咱俩去会议室聊一下，我给你补一课。"

跟数据团队沟通完，拜托他们重新调整安排。我发出了纪要邮件，进入了会议室。

“别郁闷了，自己的锅怨不得别人。”我对阿聪讲，“我给你讲两个我自己因为没发邮件造成的悲惨故事，让你高兴高兴。”

“啥？你也有阴沟里翻船的故事？”阿聪来了兴致。

“果然围观是人类本性啊！对啊，谁没有过被坑的经历呢……”我向阿聪娓娓道来。

第一个悲惨故事，发生在我工作的第一年。

那时，我还是一枚码农，手头一个项目要和算法组的同学配合。在IM上沟通了工期后，我就开始了自己接口的部分。等到约定的联调日期，我去找那个算法组的同学，谁知道，他摊摊手：“对不起，我老板给我插了一个高优的活儿，接口还没有写完。”

晴天霹雳，要知道我这个项目也是有最后期限的，需要在五天后上线。算法组同学的延期，将直接导致整个项目的延期。

“你好歹告诉我一声啊。”我埋怨道，“都定好时间了，怎么不打声招呼就改了？”

在这时，算法组的负责人恰好听到我们的对话，出面维护自家的组员：“算法组的排期是我统一出口的，你的这个项目有邮件报备吗？如果都是私下沟通，我这边是不接受的，整体项目进度一定是混乱的……”

他接下去说什么，其实我没听进去。那一刻，作为初出茅庐的应届毕业生，我气得浑身发抖，我还无法接受有人可以如此冠冕堂皇地推卸责任。好在我当时的经理帮我推进了此事，才使得项目不至于延期太久。但那一次，给了我职场中第一个教训：在大公司，规则正义（流程合规）是第一位的。我们需要用流程保证自己不受损。

第二个悲惨故事里，坑会更大一点。

好歹混成了资深产品经理的我，在推进一个规模相对较大的项目，其中，需要向商业组申请开屏资源。由于之前一个项目正好申请到了对应时间点的开屏资源，我们就乐得复用这个时间点的商业资源。

孰料，在项目启动前一周，我突然收到了一封邮件：开屏被卖了！！！组员义愤填膺，我第一时间想到的是翻邮件，翻完邮件就知道没戏了："某某，我们项目调整之后，你有没有通过邮件同步情况？"负责和商业组对接的人低声道："只用微信沟通了。"

好吧。在公司里，流程不合规（不正义）的事情是没办法追究的。

我给商业组负责人发了微信："亲，你的团队把我这边产品上线要的开屏卖了，我只能去你工位哭诉了。"

自认倒霉，靠刷脸解决问题吧。

"喏，产品经理是一个需要多方协调资源的工种，免不了碰到各种意外情况，碰到意外情况的时候就需要确定问题和责任归属（俗称'撕×'）。撕×的依据是什么？就是邮件！不夸张地说，写邮件是每一个职场新人必备的功力。"我道。

"阿呆老师，要不您就传我功力吧？"阿聪道。

"行啊，先给数据团队送份下午茶去，麻烦人家不能光靠刷脸吧。等回来之后，我们再长篇大论。"

写邮件五步法

产品经理的工作涉及大量的协作，通过口头或IM沟通的方式，往往会发生遗漏或信息不一致的问题。通过邮件则能够更清晰地告知相关人员，并形成文字落地描述，如果项目发生失误或意外，邮件也能够成为存证的一部分，避免不必要的扯皮和冲突。

下述写邮件的五步法是我初入职场时学到的，时至今日仍然觉得受益匪浅，整理如下：

一、标题清晰

· 邮件一定要有标题，但也不要太长，一般不超过16个字。

· 标题要说明邮件的主要意图，如“某服务接口12月1日升级，请接口人关注”。

· 会议纪要邮件，要在标题中说明日期和议题，如“2017-11-26数据标注会议MM”。

二、要点优先

邮件全文可能会很长，涉及完善的背景介绍或讨论过程的记录。但在邮件开头处应该首先把结论写出来，罗列出重点需要关注的人和事。

比如，邮件的开头先写：“经过讨论形成的结论A、B、C、D。请@小A关注以下部分，并在最后期限前给出排期反馈。TODO项目涉及1、2……”

然后再追加完整的过程信息以便回溯：“事情的决策过程是1、2、3；讨论的几个候选方案××××，它们的优缺点分别是××××。”

如果涉及多人、多组协作的话，可以每个人、每个组单独一段，使其能够更明确地了解自己需要关注的部分。

三、时间点明确

邮件既然是为了协调工作,就需要明确参与各方协作支持的时间点。

如果已经有线下沟通，那么可以直接写明："某项工作应该在 9 月 5 日之前完成。"

如果还没有线下沟通，可以写明自己为什么需要对方在特定时间点做某事，以及给对方留出反馈和提异议的空间，如"因为 9 月 6 日要同客户沟通，所以请某某方支持某项工作在 9 月 5 日之前完成。如果预估无法完成，请在今日内反馈。"

邮件发出后，最好在 IM 上也同步一下时间点。然后，就可以在对应日期等着"收账"了。

四、抄送相关人

每个人的工作需要其经理排期确定,对于跨部门的合作和项目同步,务必抄送双方的直接经理。在经理不知情的情况下，私下协调的工作是不能保证时间和资源安排的。我作为职场菜鸟时碰到的深坑，就是这种情况。

如果拿不准是否应该抄送经理，一律抄送。不用担心打扰经理，因为看邮件本来就是他的工作内容之一。同理，如果其他部门的人给你写的邮件没有抄送经理，建议不要直接答应，可以建议对应同事再次发送并抄送双方经理。避免出现自己答应之后但是被经理安排了其他事情而耽误的情况发生。

五、结构化，突出重点

邮件是为了传递信息的八股文章，所以更追求信息的传递效率，要尽可能结构化，突出重点。除了要在开头写结论之外，还可以补充注意以下几点。

· 时间点和关键人，要通过加粗、标红等方式来突出显示。

· 涉及 TODO 项目，最好以列表的形式展现，每行一个负责人、一个负责项目，以便清晰明了。

· 把真正要强调的内容标注出来即可，不要乱用突出显示和感叹号。以免使其看起来和标题党的文章一样不专业。

“感谢阿呆老师指点。”阿聪笑呵呵道。

“那是，”我翻出一封邮件，“你看这封邮件里，你明确写出的时间点是今天下班前，已经下午四点了，我还没收到。”

“我这就去。”阿聪一愣，“实话说，真心忘了。”

“这就是要用邮件落实计划的原因啊，省得出问题的时候纠缠不清。就算不撕别人，也可以避免被别人撕。写好邮件，Be A 耐撕 Man！”

产品经理为什么要标注数据

“怎么样,数据标注得如何了？”按照惯例,我一早询问阿聪的情况。

“终于完成了。”阿聪道。

“你自己抽一部分数据标注过吗？”我问道。

“我为什么要标注，这不是数据标注团队的工作吗？”阿聪显然被我问蒙了。

“产品团队的人当然也需要标注数据的，这样你才能在标注的过程中发现新问题、找到灵感。得得得，看你一脸蒙圈的样子。你回去再看看，我们再讨论。”

为什么要做数据标注

很多人会认为数据标注是一项枯燥而无聊的工作，甚至很多产品经理刻意避免做数据标注，将工作推给运营或者专门的数据标注团队。在我看来，数据标注这项工作或许枯燥，但绝非无用，而是相当有意义。

在我入行之初，大家都在讲“用户思维，站在用户的角度看产品，要有代入感”。在信息分发领域浸染这些年，我开始重新思考这个命题：“我们真的能够始终站在用户的角度看产品吗？”

我个人持否定态度。

一些相对基础的角度，如交互方式、操作逻辑等方面，产品经理大概率是能够以己度人的。但是在基础功能层以上，对于用户的使用场景、用户的行为轨迹特点，我们就未必能够快速代入了。

比如说，在某次用户访谈中，用户谈到了他需要短视频应用提供视频连播功能。

“什么？长视频如电视剧、综艺的连播功能我能理解，为什么会对短视频也有连播需求？”

经过沟通才发现，这个用户是一家小卖铺店主，使用场景就在开店的过程里，用 iPad 打开视频连续播放。有客人了就去招呼客人，没客人了就自己看个热闹，由于总是会被打断，所以更愿意连播短视频，而非需要剧情连贯的长视频。

这么特殊的情况，若非亲历沟通，我很难相信有产品经理能够快速领悟。

客观上，我觉得产品经理的代入感不能总是成立是有原因的。

在 PC 互联网年代，服务方所能够提供的功能相对较弱，用户面对的候选服务范围也小，所以二者都还停留在“痛点”的层面进行对接。

当互联网化不断加深、服务能力和服务商以指数级增长的时候，多元化的诉求、不同用户聚类的特点就逐渐表现了出来。

以电商为例，从最开始的线上商机撮合，到之后的线上信用担保交易，再到电商开始分化出垂直类目、尾货特卖、C2B 严选模式，直到目前的线上线下融合，等等。每一次服务能力的升级，都带来了后续业务形态更大的分化，让同一大范畴里面的各种子类需求能够得到更贴切的满足。

在这么多纷繁复杂的用户群中，你或许属于其中某一个聚类用户，也许一个都不属于。你真的能保证自己始终像一个演员一样，快速代入每一个用户聚类之中，从他们的角度来看待和考虑问题吗？也许会有老天爷赏饭吃的产品经理，总是能够快速地代入不同角色，但是对于大多数人来说，吃着祖师爷赏的饭，就需要不断地进行基础练习才能更了解用户。

数据标注就是其中一项基础练习。这是因为，数据是客观世界的投射和反馈，我们只有通过数据的标注和分析，才能从无我的角度去观察、拟合真实的用户消费和用户场景。这个法子，就是了解自身产品、了解竞品情况、了解用户路径最不容讨巧，但也是最有效的途径。

在百度搜索团队，产品经理按照 P 序列晋升，无论你是初出茅庐的 P2、P3，还是已经独当一面、带领团队的 P7、P8，数据标注（如搜索词标注、搜索结果评估）都是需要不断磨炼与精进的基本功。只有与数据做朋友，才能保证对于一线业务数据的敏感度做出更为准确的判断。

所以，不要托大，觉得数据标注是只有初阶产品经理才应该做的事情，数据标注与数据分析对于每个产品经理来说，始终是必须使用的工具。

数据标注的步骤拆解

接下来，整理一下数据标注的常见步骤：围绕目标明确标注维度、确定数据抽样范围、在标注中迭代调整。

围绕目标明确标注维度：

“为何做”比“如何做”更重要，我们的方向决定了投入的程度和最后的产出。每一次数据标注都是带着目的，要回答特定问题的，解决不了问题的数据标注只有苦劳没有功劳。

以上述的视频资源覆盖案例为例，问题就是：自有业务对于全网的视频内容是否覆盖完善？为了回答这个问题，我们需要的标注维度就应该包括视频的分类情况、内容出品方、播放情况和互动情况。

确定数据抽样范围：

在数据规模比较大的情况下，往往无法通过人力完成全局数据标注。所以，通过抽样的方式来产生一个人力可覆盖的数据子集就成了必然的选择。

首先，选择数据样本的来源就是在进行抽样的选择。比如按照分类导航 + 最近更新日期的遍历、按照榜单的遍历等。我们潜在的假设是，这些榜单数据或者是分类中排行较前的数据，可以代表竞品平台的资源数据。

以各平台的榜单为例，我们依据榜单标注视频网站的内容方是否足够置信呢？直观判断，依据竞品公布的榜单数据来看，热度覆盖是足够的，但是广度覆盖肯定是存在问题的；进一步，如果你深谙互联网 PR 规则，就会明白榜单一定是经过筛选的，而非绝对的热度排序。

其次，确定数据样本后，我们也可以在这个范围里进一步进行抽样。有效的抽样，可以确保子集特征和全局特征相近，有足够的代表性，从而使我们基于被抽取子集的标注和分析得到的结论足够置信。常见的抽样方式有：

· 随机抽样法

在总体样本数量较小的情况下，我们可以采用随机抽样法，从总样本中逐个儿抽取。比如，要做创作者对于平台的使用情况评估和分析，那么几万周活规模的创作者集合是可以直接用随机抽样来抽取的。

· 整群抽样法

在总体样本数量较大的情况下，我们可以采用整群抽样法，直接将整个数据集合拆分为 N 份，选择其中一份进行样本抽取。比如，在做用户视频消费情况的评估中，我们会将一整天的消费按照半小时的长度切分为 48 份，再分别选择早、中、晚三个时段，提取 1.5 小时的内容进行细化标注分析。对于创作者群体，可以基于等级、注册时间早晚等不同维度进行分组，对每个分组分别抽取创作者数据进行观察。

在标注中迭代调整：

实操过程中，数据标注并不是一蹴而就的事情。在一些非标准化的数据标注工作中，产品经理并无操作手册可循，需要在标注过程中根据实际情况反推草拟的标准是否合适、数据维度是否妥当，从问题中形成解法，从而形成更稳定、具有可操作性的方法。

还是以短视频覆盖的数据标注为例，我们初步整理出的数据维度有内容名称、内容提供方名称、页面链接、内容上架时间、累计播放量、内容分类。乍一看，这样的数据维度是相对合理的。但是在实际标注中，我们就会发现新的问题。

在内容分类维度，各家网站类目级别和名字不对齐。

一方面，我们可以收集各家网站在前台展示出的类目信息；另一方面，可以注册各家网站的创作者账号，上传内容后查看各个网站提供给创作者的分类体系。

在内容提供方维度，同一个内容制作公司会包含多个品牌，它在不同平台上发布内容会使用父品牌或是子品牌，从而导致数据不容易对齐；在内容分类维度，不同平台上的内容分类不尽相同，也需要做对齐和映射。

以“二更”为例，旗下包括“二更”“更北京”“更上海”等多个子品牌，在不同视频网站上，这些子品牌的体现方式是不一样的：爱奇艺上拆分为多个账号，优酷上则混合为一个账号。

为了更好地横向比较，筛选出具有合作价值的内容提供方，我们就需要在原有的数据维度中增加一个“出品方”的维度，或者是在已有的数据列表中补充备注，来实现数据的对齐。

只有持续地触碰标注数据，和第一手数据打交道，产品经理才能形成主观感觉，更好地基于数据标注团队产出进行二次处理和分析，持续保持对业务的敏感认知。

阿聪基于自己的数据标注，很快补充了新的处理规则，对于分类、内容提供方都进行了二次对齐和映射。基于这份更规整的数据，开始了自己对于资源覆盖数据的分析。

数据分析的灵魂和皮囊

次日晨，阿聪基于这份清洗后的数据给我讲解了自己的分析思路，从综合视频网站（优酷、爱奇艺、腾讯视频）、短视频应用（美拍、秒拍）再到垂直领域视频应用（抹茶美妆、花卷）的短视频内容方都有涵盖，整体结构清晰明了。

“好的，产出结果后约个组内会议吧，可以跟大家同步一下数据分析的结果。”

当天下午，阿聪带着准备好的数据分析 PPT 开始向大家同步：

· 第一页，综合视频网站的数据表格；

· 第二页，垂直视频引用的数据表格；

· 第三页，搞笑、体育、娱乐视频播放量，占比对比的表格；

· 第四页，几大主要 MCN 和内容方的播放量、占比对比的表格；

· 第五页，……

表格、表格，都是数据表格，讲的人脑子里清楚，可没有背景知识的观众甚是糊涂，一个十页的 PPT 生生讲了一个小时。

好不容易散会了，阿聪主动拽住我问道："阿呆老师，我明明整理得挺清楚的，可是为什么大家都没搞明白呢？"

"产品经理面向用户，强调的是站在用户的角度来考虑问题。你这份数据报告啊，从分析层面来看是合格的，但是从表现的层面来看，可是不合格产品。"我说道，"好看的皮囊太多，有趣的灵魂太少。"

对于数据分析而言，我们既需要通过完整的分析逻辑支撑，使得数据分析的灵魂有趣，也要通过恰当的表现形式做出一个好看的皮囊，让受众能够更快、更准确地明白我们想要传递的意思。

数据分析的灵魂

数据分析，要带着目的去推进。

我们需要将数据分析待解决的问题按照 MECE 法，以"不重叠、不遗漏"的方式将数据分析的目的拆解成多个子问题，再通过我们标注出的数据情况来逐个儿回答各个子问题。

以本次的短视频覆盖分析为例，我们要解决一个父问题、两个子问题：

- 我们自有业务对于视频内容的覆盖情况是否完善？
- 如果覆盖完善的话，我们的类目表现如何？
- 如果不完善的话，需要补充哪些品类和哪些内容方？

围绕主要问题，我们开始对题干进行拆解：

· 覆盖情况→类目的覆盖、内容方的覆盖。

· 类目表现→类目下内容提供方的数量丰富度和内容丰富度；类目内容在不同平台上的播放和互动情况。

· 内容方表现→内容方在不同网站的收录情况，在不同网站的表现情况。

我们可以将自身服务中所覆盖的内容方与标注出的结构化数据做对比，得到父问题的答案：

· 如果我们自身服务能够覆盖各大平台各类目下的 TOP20~50 的内容方，就可以说内容覆盖基本合格了。

· 如果某些类目没有覆盖，则需要看一下这些类目是否需要覆盖，是否能覆盖。

比如，主要面向男性的视频服务，美妆类内容是不需要覆盖的。

比如，NBA 这样重版权的体育内容，是需要，但是不能覆盖到的。

在得到父问题的回答后，我们可以进一步拆解子问题的答案。

1. 覆盖完善的类目，表现如何？

首先，要看这个类目的播放规模和主要竞品的对比。需要指出的是，播放规模同 DAU（日活跃用户）相关。一个 100 万 DAU 的产品，去和优酷比绝对播放量是无意义的，需要归一化后才具有可比性。

其次，要看类目下典型节目的互动表现。由于各家平台播放数注水情况不一，有字数评论这样门槛较高的互动数据才相对可信，同样，“互

动数 / 播放量”能够帮我们更好地对比这个类目在自家平台和其他平台上的表现情况。

2. 对于覆盖不完善的情况，需要补充哪些内容方？

综合竞品网站的数据，我们可以统计出哪个内容方是在多平台上都有良好表现的。优先引入这样的内容方，一方面，能够让我们快速覆盖优质内容，对用户进行口味的验证；另一方面，可以通过与优质内容方的沟通，获悉其他平台的动作。

如上提供的是一种分析的逻辑线。不同的人会有不同的逻辑拆解，最终都需要满足能够逻辑自洽的要求。

当然，在核心目标以外，我们还会基于数据发现其他题外的现象，如：

· 平台表现出了很强的内容品类倾向性：某家平台上的美妆类短视频整体播放量比较高。

· 某些内容品类的粉丝数和评论数（互动量）显著高于其他品类，某些平台上的粉丝互动规模高于其他平台。

· 从全网来看，不同视频品类的消费量呈现出影视综艺类＞体育赛事类＞歌曲 MV 类的特点。

· 全网单日播放量过千万的头部内容提供方共有几十家。

此外，我们还可以进一步提出自己的思考：

· 内容品类倾向性究竟是用户偏好使然，还是平台利益使然？以美妆类视频为例，是不是因为其可变现属性，从而获得了更多的流量倾斜？

· 粉丝规模和互动规模对于内容创作者一定是正向激励，那么，互动量高的平台，内容出品方是否表现出了更高的参与度（如内容更新频率和粉丝的互动等）？

·自身平台的品类消费情况和全网呈现出的品类消费情况是否匹配，有没有明显的短板类目需要弥补，又或是有明显的长板类目可以关注？

·全网的头部内容提供方，目前是否已经覆盖完整？综合品类特点和内容提供方的排名，是否可以拟定出内容提供方的引入顺序？

这些思考，应该视作数据分析的拓展结论而非核心结论。

数据分析的皮囊

在阿聪的这个案子上，数据分析是没有问题的，但是分析结果呈现出了大问题。我们会进一步拆分为：PPT 或文档的组织顺序和数据的不同图表诠释方式。

1.PPT 或文档的组织顺序

基于个人经验，我会推荐新人参照“麦肯锡写作法”来完成 PPT 或文稿，这一写作法的基础思路如下图所示。

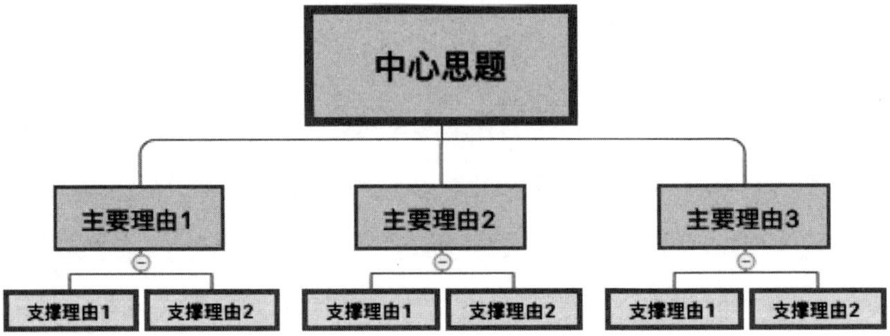

· 首先，说明结论。

· 其次，分述能够佐证结论的几个主要理由。

· 再次，在每个主要理由之下，详述支撑这个理由的案例。

以这个 Case 为例，可以拆分为如下结构，然后按照深度遍历的方式来组织 PPT。

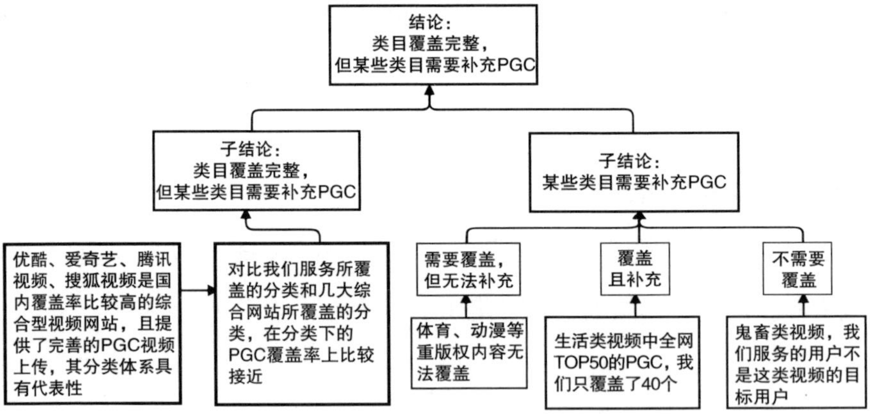

2. 数据的不同图表诠释方式

另一个值得注意的问题是，尽管数据最能客观地描述现象，但人们对于满屏的表格和数字是不敏感的，可以适当用颜色和粗体标明数字中需要被关注的部分。

而在图表之上，用折线图、饼图等图表来呈现信息更能够为人接受。不同的图表有不同的应用场景。

· 柱状图和条形图：适用于较小规模的二维数据集（每个数据点包括 x 和 y），且只有一个维度需要比较的情况。两种类型的图表都可以用来表达项目间的对比状况。其中，柱状图更适合反映在时间维度上的对比，比如，最近半年以来搞笑类和音乐类视频在平台上的逐月播放量情况。条形图更适合放大信息之间的对比程度。

· 折线图：适合二维的大数据集，用来体现趋势、频率，还常用于表现多个二维数据集之间的比较。比如，展示 Papi 酱和何仙姑夫在同一视频网站上某月的播放情况。

· 饼图：适用于子项目不多的情况，可以显示不同子项目的比例和权重。用户可以更直观地看到哪些子项目是更重要的。比如，每个网站的视频分类内容占比可以用饼图表示。

· 散点图：多用于表现不同数据源之间的相关性特点。

阿聪若有所思地点点头，对我道："阿呆老师，我调整一下。"重新整理后的资源数据分析 PPT，描述如下：

· 目录页：罗列整份数据分析的大纲。

· 前言页：交代了背景，我们做数据抓取和标注是为了了解全网的视频资源情况，以此来判断我们是否需要做资源的补充。

· 结论页：列出了中心思想，目前我们的产品数据在类目覆盖上完善，但部分类目需要补充内容方。

· 子结论页：类目覆盖相对完善。

■用饼图表明了抓取参考的几家视频网站，占据了视频网站消费大盘的 80%，具有足够的可信度。以表格形式罗列了整理出的主要视频分类，并说明我们的服务将这些视频分类都已经覆盖了。

· 子结论页：部分类目需要补充内容方。

■用百分比条形图逐个儿分类，表明我们的服务已经接入的内容出品方 VS 全局热门的内容出品方，在体育、动漫、创意、鬼畜四个视频分类上，我方对头部内容出品方的覆盖率不足 60%。

■以词云的方式展示我们的用户画像特点和鬼畜视频用户的特点，通过对比，说明二者受众重叠较小，故鬼畜视频属于不需要覆盖的视频分类。

■通过列表详述需要覆盖的两个分类的后续动作：体育和动漫重版权，短期无法提高覆盖率；创意类视频可进一步提升覆盖率，按照播放量从高到低的顺序对内容出品方进行排列。

“这次调整完就清晰多了。多积攒分享、汇报的经验，才能在跨部门沟通时更好地应对挑战，更好地传递自己的意图。”

熟识核心报表，更好地认知产品。

“阿呆老师，我要报一个大漏洞。”一大早，阿聪就捧着手机来找我了。

“会员页面购买按钮失灵，对吧？”我道。

“你怎么知道的？”阿聪惊讶道。

“喏。”我指指屏幕上的监控图，“实时会员购买量跌了 1/8，触发警报了，研发已经定位了，是由新上线的组件导致的，正在回滚修复。”

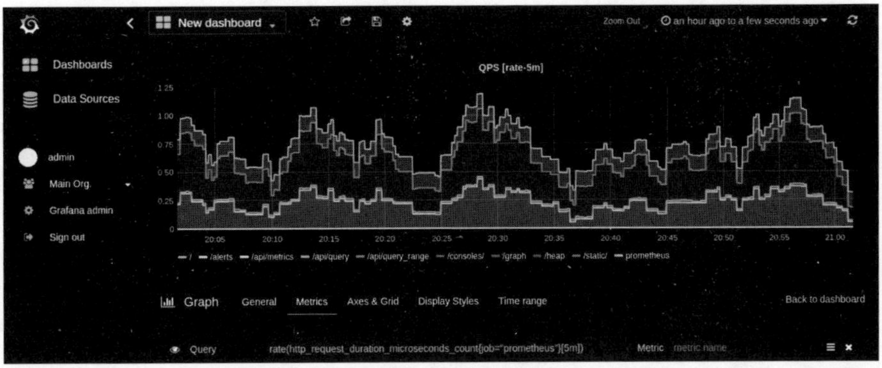

“哇！”望着显示器上繁复的曲线图和指标，阿聪由衷地赞叹道，“太高科技了吧，这么多指标，一定得有技术背景才读得懂吧？”

“错！流量图是每个产品经理的入门必修课。选定指标、监控指标异常，应该是产品经理驱动研发执行的，而不是研发自驱完成的。”我道。

“好吧，阿呆老师小课堂开课了。”阿聪耸肩道。

用户是产品优劣最终的裁判，只有充分了解服务对象的行为特点，才能辅助我们更好地认知和改进自身产品。

个体对象的特点，可以通过用户访谈、问卷投放的方式来收集；群体对象的特点，则势必需要通过统计服务来获得更大规模的数据量，基于此来了解用户是怎么使用我们产品的，是否符合设计的预期，并酌情调整产品设计，进行引导。前面的章节，在数据标注和数据分析一环，举得更多的是竞品调研、市场摸底的例子，这一节则更多是向内而观，来看看如何通过数据剖析自家的产品。

业务核心指标监测

从初识产品到逐步上手改造优化，产品经理对于自身产品越来越熟悉，越来越心里有数。这里所说的“数”，就是业务核心指标的“数”。

如果提及一款应用要关注什么指标，“日活、时长、留存”自然是标准答案，但又不全对。这三个指标其实是所谓的“结果指标”，是依赖产品服务内不同的环节协作后交出的最终答卷。对于各个子业务线，如果只看着全局的那个结果目标，必然会导致传导链条太长无法发力（比如，上一个功能是否就能影响留存），不如先聚焦自身子业务线的目标，才好有的放矢，知道如何下手。

那么，不妨首先从自己的业务着手，看看业务想要达到的目标愿景是什么，如何用少数几个数据指标来衡量目标的达成程度。

以短视频 App 的内容建设为例，想要达成的目标是平台能够囊括用户感兴趣的内容，让内容生产方都选择自家平台作为内容分发平台。那么，为了衡量这个目标，可以参考全局指标：品类覆盖率、各品类头部内容方覆盖率，日常指标：每日新增的视频内容、有发文行为的内容方等。

而对于短视频 App 的分发业务来说，想要达成的目标就是让用户在应用内更多地消费感兴趣的内容。那么衡量这个目标，最直接的指标就是人均满意点击规模和人均时长规模。

作为产品经理，只有熟知自身业务线的核心指标是什么，日常波动范围是怎样的，才会对所执行的产品运营动作有把握，有效评估各个动作的效果。除了业务的核心指标之外，可以进一步构建外围辅助指标，以一周一次的频率去监测，帮助构建起更立体的业务生态。

构建一张流量分布图

如果说核心指标关注的是结果的点，那么流量分布关注的就是线和面。流量图的本质是记录了特定时空下整个产品内的用户行为流，我们可以将其拆分为空间流量分布和时间流量分布。

产品场景就像一条河，用户从启动主屏开始，按着自己的使用习惯在不同的页面和功能间进行流转，形成了所谓的用户路径。空间流量分布就是为了描述用户在应用内是如何流动的，即哪一个场景是用户使用的主场景，在各个场景中，用户对于各个功能的使用情况是怎样的。以简书 App 为例，应用的前两个 Tab 分别为“首页”和“关注”。

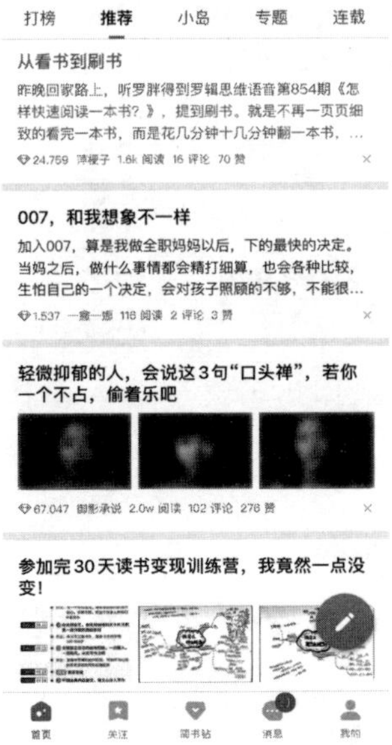

我们选取一周的平均数据，能够得到如下流量图（数据仅用来举例）：

一级入口	日活用户数	总曝光数	二级入口	日活用户数	总曝光数
首页	501,324	13,710,626	打榜	602,154	2,288,185
			推荐	501,324	10,026,480
			小岛	101,389	354,862
			专题	93,673	749,384
			连载	58,343	291,715
关注	201,783	2,198,920	动态	201,783	2,017,830
			小岛	51,740	181,090

在上图中，我们将入口拆分为一级入口和二级入口，并对应标注了各级入口的用户数据和总曝光情况。了解了流量的空间分布，能够更好地指导我们优化产品设计。

对于新功能来说，你需要将其植入大的应用场景，才能在早期获得比较客观的应用内启动流量。比如，我们希望加强用户间的关注关系密度，可以从日活规模最大的二级入口“推荐”入手，向用户推荐“你关注的某某最近关注了某某”，从而获得更大的收益面。

对于已有功能优化，你同样需要知道目前用户的使用特点是怎样的。占据了更好位置的功能，是否提供了更大的使用量？还是没有物尽其用，给用户造成了认知障碍？比如，上一页的图表中，你会发现“小岛”Tab 尽管排在了“专题”前面，有更高的日活数，但是其总曝光数是小于“专题”的。这是为什么？可能是因为用户的消费习惯中，专题的占比较高；也可能是专题作为一个收录容器，内容有更高的更新频率，从而带来了更大的消费价值。

时间流量分布

空间流量分布其实是时间流量分布的一个切面。在空间流量图上，我们关注的是业务的具体逻辑。在时间流量图上，我们更关注各个数据指标（如特定功能使用量）的变化情况等，从而形成了日常的监控报表。

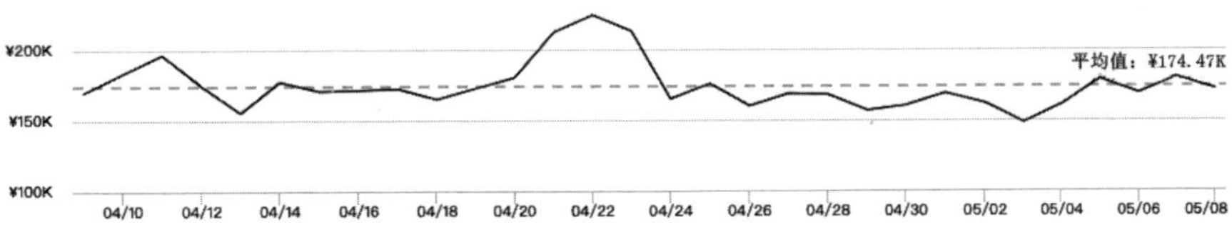

通常，时间流量图具有潮汐效应，如每周一到周日有固定的波动幅度；在节假日或系统故障的情况下，会出现较大幅度的涨跌。

个人通常建议新入门的产品经理去关注空间和时间流量分布，这些数据会逐步构成产品经理对于业务特点的理解。在数据波动发生时，才能更快地定位问题所在，并按图索骥，找到解决方案。

举个例子，某小时订单数据环比跌了 20%，那么我们需要同时从内部和外部找原因：

· 我们可以首先回溯订单产生的几个主要的上游途径（以及当时的日活数据），观察这几个上游渠道是否发生了流量下跌。

· 如果上游渠道没有发生流量下跌，那么很可能是服务稳定性问题，那就该给研发打电话了。

如果上游渠道发生了流量下跌，那么就要考虑一下当天是否发生了什么别的事情导致应用的日活数据下跌了。（比如发生了什么热门事件，比如哪个地方断网了，这么坑的事情，还真的遇到过。）

“哦，原来监控数据和流量图有这么多学问啊。”阿聪道。

“是啊，”我道，“个人建议每天上班第一件事就是看数据报表，尽快把自己的数据感培养起来。”

做事先做人，件件有着落

近来几日，明显觉得阿聪有话要跟我说，好几次欲言又止。

“怎么了？有话直说。”我问道。

“阿呆老师，跟我一届进公司的同学阿明最近总跟我吐槽他的近况，说他被分到的工作都太枯燥，一直在做重复的数据标注，几乎没有什么有产品技能增长空间的任务。然后，他也觉得跟着他的导师阿笨老师可能没啥前途，所以，想找总监看看能不能换个环境。我总觉得这样做哪里不对，但是又说不上来哪里不对。”阿聪道。

“啊？”我实在没想到刚入职的新同学就会有这幺蛾子出来，“阿笨老师之前还是我的导师啊，我去找他问问。”

不料，当我跟阿笨老师谈起阿明的时候，阿笨老师也一脸黑线。

“这个年轻人啊，挺聪明的，可是太不扎实、太飘了。”阿笨老师道。说着，他让我看他的电脑屏幕，上面正是阿明入职以来的各项工作记录和导师评价。

“呃，阿笨老师，这都多少年了，新人培训你还记文档呢！”我道。看到这份文档，我不禁想起，在自己转正的时候，阿笨老师传给我的工作记录，里面有我在试用期里的每一项工作的完成程度、存在的问题和评语。

整体上，阿笨老师对于新人转正前的工作安排分为两个阶段。第一阶段，不跟具体产品功能阶段，主要做数据标注分析、竞品分析、产品已有功能的熟悉和工作方法养成；第二阶段，开始尝试一些已有产品功能的改进，落实 A/B 测试、埋点设计、问卷调查、用户收集等部分。

在阿明的工作记录里，他始终在与数据标注分析、已有功能熟悉打交道，并没有被分配更进一步的任务。

“欸，阿笨老师，我看阿明挺聪明的啊。第一次做数据标注就有 80% 的准确率。”我道，“比我那会儿强多了。我记得我第一次标注数据的时候，准确率只有百分之六七十的样子。”

“是啊，但是你接着看他后几次的数据标注表现。”

细细阅读之下，果然发现了问题。虽然阿明作为新人表现不错，但是后续的数据标注准确率始终在 85% 上下打转，鲜有达到 90% 的准确率；对比之下，阿聪虽然第一次只有 70% 多的准确率，但是从第四、五次开始，就提高到了 90% 以上。

对于一项不过分依赖聪明度的数据标注工作而言，细心与耐心才是新人真正需要的，我想我知道阿明的问题出在哪里了。

阿笨老师颇为无奈地对我道：“懂得太多，也未见得是件好事。这不，关乎产品规划和产品细节调整的方案，都给我发了七八份了，每篇都洋洋洒洒四五千字，这是要做产品大师啊。”

翻翻阿明的产品方案，大局观、行业格局的东西先占了 1/4 篇幅，然后是对各个产品细节近乎偏执地修改和调优。“大战略不落地、小细节没重点”，这是我给出的评价，我开始庆幸，自己带的是阿聪而非这个阿明。

“阿笨老师，你打算让他通过试用期吗？”我问道，“这样的新同学太固执己见了，不好带啊。”

“阿明不是找总监要求换导师和换业务嘛，我也让总监跟他聊聊看，人还是挺聪明的，看能不能开导一下。”阿笨老师道，“现在不是我让不让他通过试用期的问题，而是我觉得他自己都坚持不到试用期结束。”

对于一个新手产品经理来说，先做人，再做事：请先做一个称职的职场新人，再来着手产品经理的工作。

能力固然是需要培养的，互信更是需要培养的。对于职场新人来说，只有真正赢得直属领导和团队的信任，才能得到更多项目历练的机会，进而有培养能力一展拳脚的可能性。那如何建立互信呢？不是喝酒吃饭套交情，这里是职场，请用自己的产出说话。

首先，请认真对待每一件被分配的工作。

作为信任度尚不足够的新人，刚开始接到的工作肯定会更基础和琐碎，甚至有可能是那些你看不上眼的工作。以数据标注为例，在经过几次训练之后，你大概能够胜任此项任务，但能否持续稳定高质量地产出呢？其实很多新人都倒在了稳定产出上，会觉得太简单枯燥而放弃了投入和深度思考。

其次，在工作达成的不同节点，及时向你的领导同步汇报。

一种情况是在任务中碰到了困难，请及时向领导和资深同事求助，不要做闷葫芦自己钻研。及时请求帮助没什么不好意思的，作为新人，不懂不会是正常的，不懂装懂才是可怕的。如果因为自己的羞赧使得产出延迟，进而拖累了整个团队的进度，那才是该不好意思的。我们常会碰到这样的新人，在项目的最后期限快到时询问他，才反馈说因为碰到了问题解决不了而延期，这样的情况才让领导和团队疯狂。

另一种情况是接到相对烦琐的任务，预估需要进行很长时间。那么请至少以三日为单位进行拆分，每三日向直属领导同步一下当前的进展，让他安心，并知道项目正处于一个可控的进展当中。及时沟通还有一个好处在于，可能领导会基于他的经验，从你的反馈中判断出项目是否存在风险和改进的空间，给你更多的支持和指导。

除了工作上的汇报外，建议同时关注与导师的定期一对一沟通，在沟通过程中可以就工作内容、成长空间和最近遇到的困惑进行交流。

最后，请多一点点耐心。“延迟满足”的理论适用于任何阶段和任何岗位，如果你的预期是半年内就可以建功立业，那么请把自己的预期×2，跟直属领导保持畅通的沟通，了解领导对你的工作安排和成长预期，这样才能更好地开展工作。

大事看能力，小事看品行。通过一件一件小事的累积之后，“靠谱”的新人才能脱颖而出，被委以更重要的任务来锻炼能力，形成正向的循环。

“凡事有交代，件件有着落，事事有回音。”

不出意料，阿明最后还是选择了换环境，没有待满试用期就离职了。

阿聪想约我有时间和阿明再聊聊，可我想了许久后，还是拒绝了。

听过的道理再多，仍旧于事无补。我们也许真的要跌过跟头之后，才能认真考虑自己听过的规劝吧。大家总会在一次次的磨炼中，寻找到适合自己的职场打怪之道。

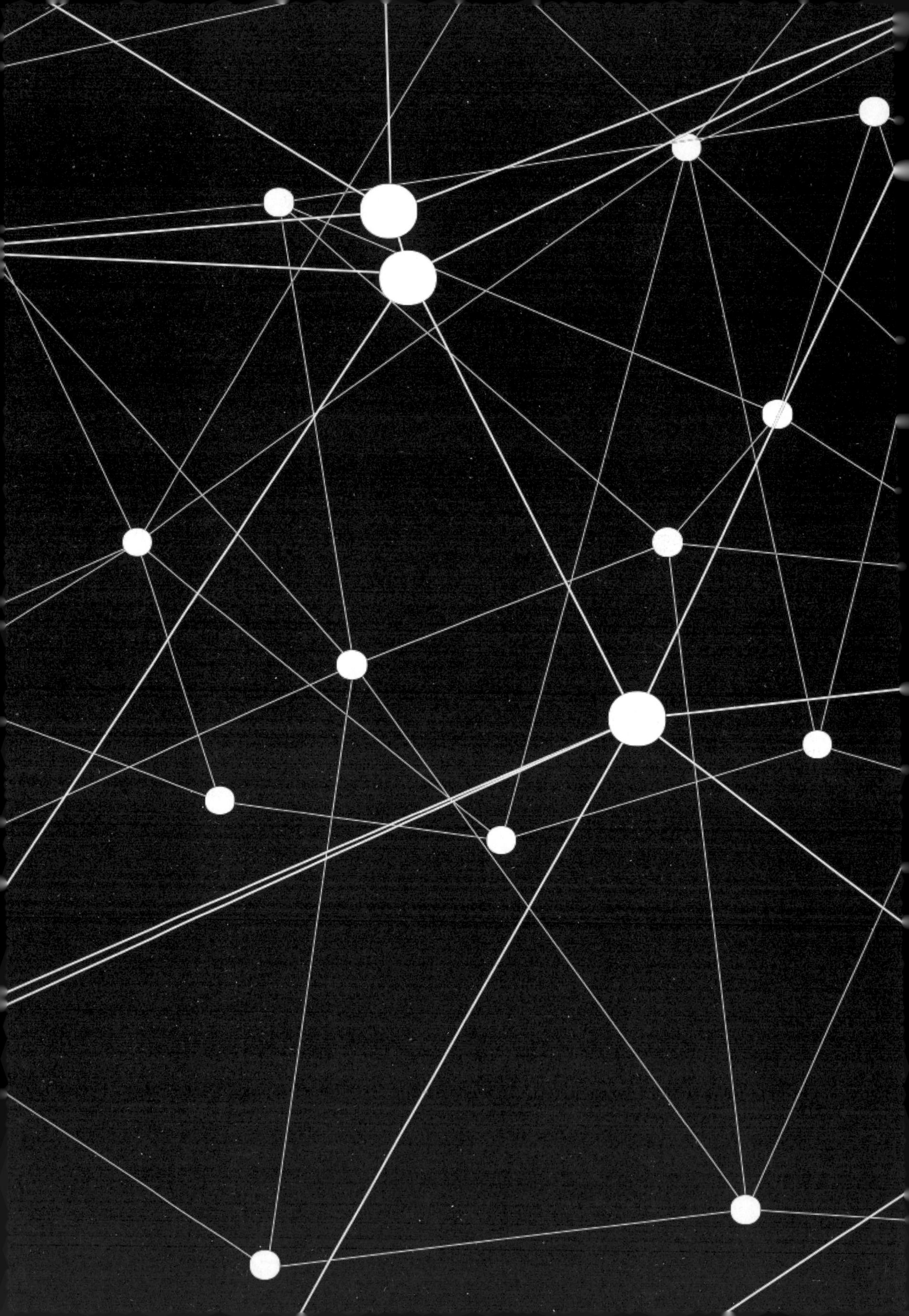

| 第二章 |

初学乍练：改进已有功能点

在这个阶段里，开始形成初步的工作习惯：如 PRD 的撰写、邮件的撰写，开始同设计、研发、数据分析等团队配合，推动一些小项目的迭代和上线。

博闻广识、产品定性分析、数据层面的标注与定量分析、日常业务的指标提炼和报表分析，都是产品经理首先需要磨炼的基本功。花在这些上面的工夫，让我们大致能够了解到，一个产品的功能在大体结构上会是怎样的产品表现。可是看得出和做得到毕竟是两回事，新手产品经理进入了下一阶段，承接已有功能的改进，开始在项目中练手。还是那句老话：绝知此事要躬行。

六步法吃透产品功能

阿聪最近有点焦头烂额，因为业务调整，很多老同事负责的功能陆陆续续被交接到了他的手里。每一个功能点对他来说都是新的，都需要从头梳理脉络，阿聪连周末都窝在家里，啃这些功能点过往的产品需求文档。

面对顶着黑眼圈的阿聪，作为导师的我自然不好意思置身事外："来来来，为师给你支个着儿，六步法吃透已有功能。"

产品新人接手业务，最常见的起点就是接手维护已有功能。一方面，我们可以通过功能来熟悉既有业务的流程；另一方面，我们也可以通过产品功能的迭代优化，站在前人的肩膀上谋求更快发展的可能。面对一个经历过重重版本迭代的功能，如何将其快速吃透，找到可改进的方案呢？如下所述的六步法，可以供你参考。

1. 用：作为用户翻来覆去地用

刚接手某一项功能时，你是否会发现自己对它并不熟悉？

没关系，这很正常。并不是每个人都是产品的深度用户。你很有可能和大多数用户一样，日常只会使用到产品 30% ～ 40% 的功能。当接手负责特定功能后，我们就像演员接到一个角色一样，开始研读剧本、体验生活，让自己逐步成为这个功能的深度用户。

首先，就从一个新手用户的角色起步吧。你可以通过自身体验来感知这个功能的易用性如何、对新用户是否友好。在产品迭代过程中，很多功能历经了层层升级改版，使用门槛很可能在不知不觉中提高了，从而变得对新用户不友好。当你以一个新用户的角色来尝试的时候，可能就会发现很多可加以改进的空间。

比如，起源于 Twitter 的下拉刷新操作，我一度以为是信息流的基础交互方式。事实上，当有产品实习同学反馈，他通常是点击 Tab 的刷新按钮来触发刷新的时候，我才意识到，还是有相当比例的用户对这个下拉刷新动作是缺乏认知的。随后，我们在用户首次装机后增加了引导环节，从而提升了用户的刷新比例。

随着使用频次的不断提高，我们渐渐地感知到越来越多的细微问题。

比如，单一功能和使用主路径的连接关系是否顺畅，是否在特定的应用场景下会碰到这样或那样的问题；又如，功能是否足够健壮和稳定，是否在弱网、超时、数据错误的时候给用户提供了足够友善的体验和提示；等等。

就像是演员通过体验生活来揣摩角色，产品经理也可以通过对功能的反复使用来提升对功能点和业务线的认知，从而不断完善自己的“用户视角”。

2. 问：用户访谈或问卷投放、收集用户反馈

在对功能建立起基础认知之后，我们才能听得懂用户对于产品的认知。这时，我们就可以收集整理用户的反馈了。

首先，去询问功能对应的研发和运营同学。他们不仅是功能的资深用户，还能够给你反馈产品迭代的问题、现在还残留在线上的坑，以及那些可能排期许久但久未落地的功能。将这些反馈和自身的使用体验相印证，就很可能提炼出一些共性的问题。如果这些共性的问题大家都觉得应该修改，那么恭喜你，起码你提需求的时候会顺利很多，不至于被研发运营同学打枪了。

在和内部用户沟通的基础上，我们可以进一步扩大调研的范围，去了解资深用户。很多产品都维护资深用户群，可以首先约他们进行在线或当面的访谈，开放性地去了解他们的使用情况和对功能的反馈。多元的用户构成会让你发现：原来还有这么多五花八门的使用方式。

比如，对于音频应用来说，大家首先都会提到上下班通勤场景。但是，通过用户访谈我们会发现，对于很多三线城市的用户而言，是不存在大于一个小时的通勤场景的。他们的很多音频内容消费是发生在工作时段，或者休息时间。

通过与内部用户和外部资深用户的沟通，我们对于功能的应用场景、可能存在的问题和改进空间有一个基础认知，进而提出假想和改进点，再更有针对性地面向用户进行更大规模的问卷投放来收集反馈。

3. 数：分析功能的使用频率和上下游关系

在上述“问”的环节，基于自己作为用户的主观体验、询问资深用

户得到的访谈资料，本质上都是小规模的数据抽样。一个问题是：我们是否会因为采访了活跃的少数人，因而遗漏了沉默的大多数人呢?

为了确保我们目前对于产品的信息是没有偏差的，就需要开始基于功能的使用统计数据来获得全貌，用数据来校验我们的主观判断是否与事实相符。

首先，功能的使用频率和使用人数能够帮助我们认知功能的重要程度。

对于高频次、高用户规模的“双高”功能，需要审慎地看待，先把历史上的文档和各种上线记录吃透了，再试图做出调整。对于广大用户高频使用的功能，单单“习惯”二字就足以抵消很多改进的效果了；高频次、低用户规模的功能往往集中在重度用户圈子或者子场景当中。对待这类型功能，建议首先考虑能否扩大使用规模。比如看上游入口是否可以扩大，比如看功能本身是否可以降低使用门槛。

低频次、高用户规模的功能，一般偏向低频决策功能，如各种设置开关选项。建议可以增加搜索的方式，让用户在有使用场景的时候更快地找到这个功能。

低频次、低用户规模的功能，呃，还是建议下线，不要增加维护成本了。

其次，产品经理还需要梳理功能的上下游关系。在一款应用内，每个功能并非独立存在，而是有着上下文场景的。搞清楚功能的上游在哪里，会有哪些用户通过怎样的路径来到你的功能，他们在使用完成之后是否如你所愿地进入下一个目标路径，这都是需要借由数据流来审视的。

产品经理需要确保自己后续做出的调整和判断是切合用户行为主流

的。如果发现自己确实不是功能的典型用户，那么就要尽可能避免只基于自己的主观体验来调整，否则，非典型用户的解决方案必然只能解决非常局部的问题，无法获得全局的效果。

经过了上述三个步骤，我们分别从自身主观感受、小范围资深用户反馈、客观用户数据三个维度绘制了用户的行为轨迹，增强了自己对于功能的认知。接下来，我们就该进入后面三个步骤，操起手术刀对功能进行精细的调整了。

4. 比：竞品是否有类似的功能，目前是怎么实现的

某种程度上，产品经理也是匠人，但匠人容易出现敝帚自珍的问题。为了让自己产出更高质量的产品方案，产品经理需要保持开阔的眼界和心态，多扫榜单、多比对竞品，看看别的应用是如何实现的。

我们常常笑言“天下文章一大抄”，事实上，天下的产品也是一大抄。在搜索业务百家争鸣的时候，各家的搜索产品经理其实是很小的一个圈子，彼此都盯着对方的产品形态样式和服务策略的调整：无论是搜索左侧结果中的信息聚合卡片或功能直达卡片，还是搜索右侧的拓展信息，抑或是搜索首页的相关设置等，一家上线了，另外一家往往会基于自己的数据特点进行快速跟进。

在一个竞争充分的领域里，大家的产品设计往往会经历一个先发散后收敛的过程，最后在产品的功能设置和交互方式等主流程上达到惊人的相似程度。这一方面是基于效率最大化的原因，另一方面是基于用户习惯的考虑。尤其是当你的产品处在追赶阶段的时候，领先者的功能方案就是你应该最先尝试的。

比如，对于手机端的视频播放器而言，大家都提供了播放器内的手势操作：左右滑动调整进度、左半侧上下滑动调节亮度、右半侧上下滑动调节音量等。伴随着视频应用在广大用户中已经普及了，我们无须刻意为了不同而不同。

5. 溯：带着问题去询问之前的产品负责人

经过上述四个步骤，相信你已经整理出满满一张纸的问题了，但请不要止步于提出问题，产品经理的价值是解决问题。针对汇总出的这些问题，参考竞品的解决方式，比照自己思考所得的解决方式。带着问题和思考出的解决方案，再去和之前这个产品功能的负责人进行交流。

之所以在第五步才建议溯源，询问之前的产品负责人，是因为没有对等思考的沟通是缺乏深度的。如果你的认知和对方的认知并不在一个层面上，那么你们两人之间的沟通大概率是低效的。只有对业务具有了一定的认知，大家的沟通才能产生更高的价值。

询问之前的产品负责人，是因为每个功能的上线和迭代都是有前因后果的，你想到的问题，很可能别人已经想过了，不是不做，而是力有未逮；可能是因为种种客观原因和排期而不能落地；也可能是已经进行过 A/B 测试，但并没有收到足够正面的效果。

带着问题和后续解法去溯源，可以帮你从开放的候选集中快速收敛，删除那些不靠谱、不落地的部分，集中到那些真正需要关注的、有尝试空间的问题上面，从而有效提高后续的迭代效率。

6. 试：找到自己期望收益最大的方式，去尝试解决方案。

$$P(A)=\sum_n P(A/B_n)P(B_n)$$

在上面这个公式中，A 是我们想要最终达到的效果，P（A）是达到这一效果的概率。

为了实现这一效果，我们会有很多的动作 B，P（B）是每一个动作完成的概率，P（A/B）就是这个动作对于最终结果的概率。换而言之，一个产品规划的期望收益 = 规划中每个子方案的预期收益 × 子方案的实现概率。

从理性的角度出发，我们的每一步尝试都应该优选在自己的资源可调配范围之内，预期收益最大的产品方案。

对于新人来说，由于自己在公司内累积的信用度不高，能够调配的资源有限，所以通常建议先尝试一些概率较高、较安全的方案。如果确定要推动那些资源损耗高、成功率较低的方案，务必让直系导师重新审视，并从他的角度给出修改建议后再提案。

如果不亲自体验，就永远无法标榜足够了解。只有经过了接受、调整、开发、上线等一系列过程，产品经理才会蹚完隐藏在产品表象之下的重重深坑（如技术实现问题、数据覆盖问题，等等）。这样，这个产品功能才算变成属于你自己的功能，形成真正有效的认知。

一周后，阿聪终于信心满满地出现在我面前："阿呆老师，我挑了三个功能点进行修改，麻烦您帮我看看。"

数据分析驱动产品迭代

“阿呆老师，我觉得这个功能可以这么调整。”阿聪提议道。

“这个功能改进点的逻辑是自洽的，但是影响面太小了。”我不留情面地搭腔道，“我们在自己的主观偏好之上，同时也要用数据的方式来佐证自己的产品判断，让自己的发力方向更对。”

Growth Hacking 的思路最近越发地家喻户晓，头条、快手、百度等公司在这方面的践行是国内领先的。然而在实践的过程中，我们也发现了一些问题：设立独立的 growth 部门，从业务咨询的角度帮助业务线做分析、提改进的时候，难免会出现不接地气、缺乏足够了解等业务型问题，以及随着公司拓展带来的跨部门沟通协作等组织管理问题。

更好地解决这一问题的方法，莫过于产品经理和数据分析师角色的融合，能够更深层地从业务逻辑出发找问题，用数据分析的方法驱动产品的迭代。

确定核心指标

比如，不能为了追平竞品功能，就盲目地给自己的产品画蛇添足。追加上的功能，即便功能指标不错，也必须考虑其对核心指标的影响。

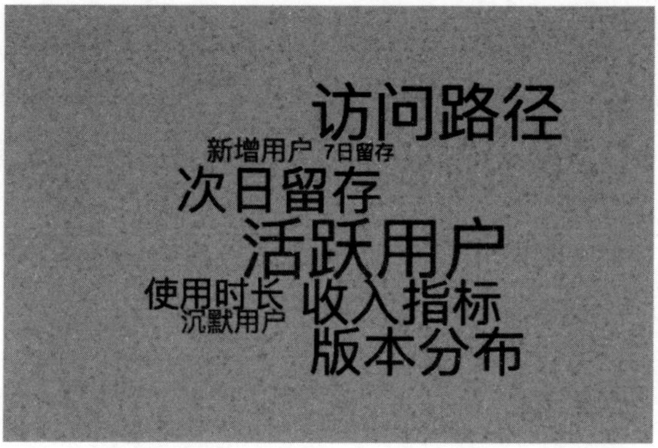

以上图为例，图中的各个指标是从友盟后台随意摘录的，在这些指标里，哪些是一款产品的核心指标呢？

我个人给出的答案是：“有价值用户的长期留存。”

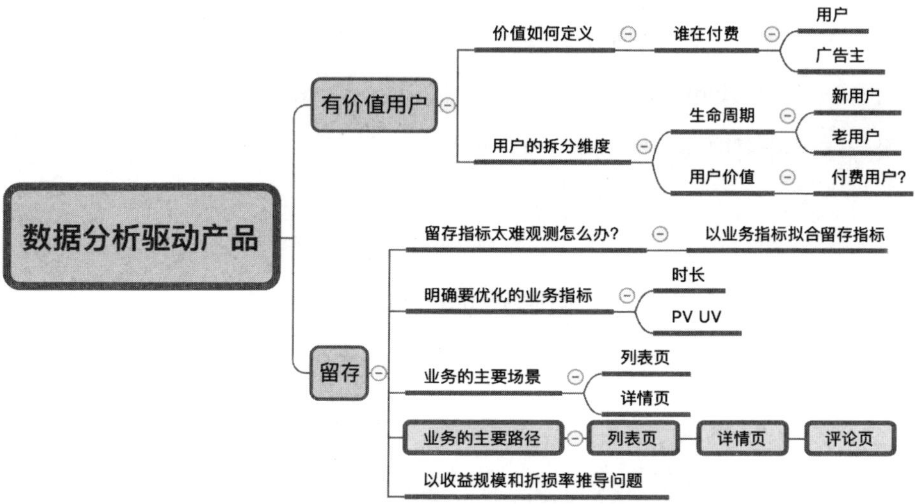

用户价值核算和拆解

以下将结合上一页“数据分析驱动产品”的图来做简单的拆解。

有价值的用户是指最终能够给公司带来收入的用户，我们追求这部分人群的长期留存就是为了保证这份收入的稳定性和可持续性。

在价值的定义上，根据具体付费方的不同，可以大致分为 C 端收费、B 端收费两类。在不同的产品中，其盈利方式和有价值用户的定义有所不同。

· 以信息流产品为例，有价值的用户可能是那些点击信息流广告的用户；

· 以游戏产品为例，有价值的用户可能是付费的氪金玩家；

· 以直播产品为例，有价值的用户可能是打赏的金主；

· 以职场社交产品为例，有价值的用户可能是活跃在这一产品上的、可被招聘和挖掘的职业用户。

无论收益途径如何，用户价值都会被归结到特定渠道的生命周期价值 LTV（Life Time Value）上，无论是用户产品还是商业产品，都应该聚焦在提升用户的生命周期价值上。

留存指标的拟合

尽管我们都认可长期留存是衡量用户产品的最终指标，但是在操作过程中，迭代是快速进行的，没有办法使每一个方案都开启长期试验以验证留存。

实操中，比较可行的方案就是：以核心业务指标拟合留存指标。即，明确不同产品场景下，和留存指标关系最为紧密的那些指标，后续的产品改进都应该以核心业务指标作为 Review 标准。

· 对于信息流产品，可能是点击（量）、停留时长；

· 对于社交类产品，可能是用户的关系数，以及基于这些关系所能产生的消费量；

· 对于直播类产品，可能是观看时长、关注的主播数量。

以 LinkedIn 为例， LinkedIn 是全球最大的职场社交平台，有四亿多个注册用户，一直保持着稳健的增长势头。其试验发现：所有通过搜索渠道来到 LinkedIn 的用户都会留下来，只有接受了好友邀请的用户才会反复访问。用户增加的好友越多，留存的概率越大。通过不断的试验发现，一个新用户在第一周添加了五个社交关系的话，这个人就在 LinkedIn 上沉淀下来，不会流失了。基于此，LinkedIn 将新用户 “一周内增加五个社交好友” 作为用户增长的核心指标。

业务的理解

在具体的工作中，每个产品经理被分配到的业务是不尽相同的。因而需要对自己负责的业务场景有更深刻的理解，才能分析产出潜在收益更大的方案。

1. 对主要场景的理解

在自己负责的业务范围内，主要目标是什么？在业务范围内，用户是怎样消费的？影响用户体验的因素有哪些？

以优化登录率这个任务为例，国内 App 内的登录框，提供的登录方式通常有手机号、微信、微博、QQ 等。对于这几种方式之间的选择，会发现不同 App 的做法各异。

· 爱奇艺：默认手机号登录，点击更多登录方式才提供弹出框选择更多登录。

· 得到：并列提供微信登录和手机号登录。

· 头条：并列提供手机号、微信、QQ、微博登录。

· 豆瓣：优先提供手机号和邮箱登录，页面下方提供微博和微信登录。

· 腾讯新闻：只提供 QQ、微信登录。

如何评价产品对登录方式的取舍、评价页面元素布局的合理程度呢？

· 理解现状

■看现有的核心指标：登录转化率，这将作为后续页面优化的基线。

■看现有登录方式的使用分布情况，和其在不同人群上的分布情况。

· 提出假想

■对于“得到”来说，补齐 QQ 登录和微博登录是否会提高登录率？

■对于腾讯新闻来说，补齐微博登录，是否有助于基于微博信息的抓取更好地理解用户？

■我们是要将设计向我们想要引导的登录方式上倾斜，还是向登录率最高的方式上倾斜？

· 根据假想设计方案，验证假想。

2. 对主要路径的理解

用户是如何到达你所负责的业务场景的？其上下文背景是怎样的？

我的主观感受是，单一页面的优化很容易出现瓶颈，只有结合上下文，才能带来更显著的提升。在登录这件事情上，常见的处理方式是，将强依赖于用户信息的产品环节和登录打包，将高级功能和登录进行打包，将老用户的惯用路径和登录进行打包。

同样以提高登录率为例，滴滴的主要使用场景在于打车，叫车完成后以“方便司机接您时联系您”的理由，让用户更愿意完成注册登录。类似地，部分视频、音频 App 设置了登录和非登录的不同权益，比如，登录可以缓存音视频，在未登录状态下只能收藏一定数量等，通过权益吸引用户登录使用应用。

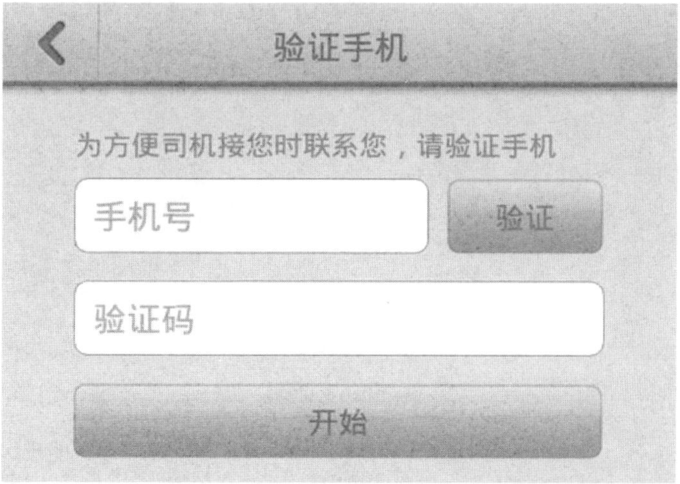

3. 结合全局收益做出优先级判断

产品经理所做出的每个决策，每个功能迭代都或多或少牵涉研发、QA、运营等环节。既然是在消耗公司成本，那么收益是什么就势必要说清楚。

· 首先，收益一定不能只是局部业务的数字，这一点对于创业公司尤甚。要做对全局有意义的事情，而不是局部有变化的数字。

· 其次，要深挖收益来自哪部分，是改进了低活跃用户，还是进一步促进了高活跃用户。

· 最后，在明确收益的同时，也需要明确是否造成了其余数字的折损。在跨部门项目上，最容易出现的是：A 部门第一个月做高了 A 指标，完成了 KPI；B 部门第二个月做高了 B 指标，降低了 A 指标的增速，也完成了 KPI。在两个部门都只关心短期指标的前提下，看似一团和气，其实对全局是不利的。

收到反馈的阿聪，开始更细致地阅读报表和数据流量图，抛出的产品改进点少了，但是影响面和改进空间越来越大了。

第一次 A/B 测试

在着手梳理手头产品现状和改进点的同时，阿聪接到了一个小需求，调整推荐首页的频道顺序。

在视频 App 内分频道进行信息展示是产品设计的常态，但是频道的名称和排列顺序对于用户的点击情况和消费时长都是有影响的。所以，我们需要在上线一段时间后，基于用户的使用情况和反馈情况对子频道进行调整以获得更大的收益。

“500W DAU 的 Tab 页，6000W 的 VV 数据。怎么样，这个项目作为练手不错吧？”我笑道。

听到 6000W 的 VV 数据，阿聪两眼一亮：“阿呆老师，我该怎样着手呢？”

“先跑历史数据，计算出每个频道的渗透率，再根据频道的渗透率和频道的 VV 进行顺序的调整。”我道。

阿聪很快基于已有的频道列出了数据表格，并基于频道的人均 VV

数据进行了新的顺序调整，除了推荐频道外，将其他频道按照人均播放次数进行了逆序排列（图中数据均为样例数据）。

频道名称	位置	DAU	用户播放数	人均播放次数
推荐	首屏第一	500W	7500W	15
搞笑	首屏第二	300W	5100W	17
音乐	首屏第三	250W	3750W	15
奇趣	首屏第四	200W	3200W	16
相声小品	首屏第五	150W	2550W	17
小视频	首屏第六	100W	1000W	10
NBA	7PLUS 的屏幕，在首屏第七；小屏手机不在首屏	90W	1800W	20

“阿呆老师，我是这么分析这个项目的，我们可以将人均播放量高的频道放在前面，这样渗透率的提高能够带来更多的用户，就可以拉升总播放量了……”阿聪道，“所以我觉得我们可以按照这个方案上线了。”

“这就上线？你想得太简单了吧。”我诧异道。

“对啊，有理有据有节，接下来当然要上线啊。”阿聪不明白我为什么诧异。

“现在早就不是产品经理拍脑袋决定上线的时代了，我们需要更为完善的 A/B 测试来验证我们的判断。”我道，“而且，这个方案里有一个明显的问题，其实你没有注意到。”

“呃。”阿聪盯着数据始终没有看出个所以然来，“好吧，那就按您说的意思开始 A/B 测试吧。但是，什么是 A/B 测试呢？”

什么是 A/B 测试

A/B 测试的概念源于医学上的双盲实验：实验中，病人被随机分成两组，并分别给予安慰剂和测试用药。经过一段时间，再来观察比较两组病人的表现是否具有显著的差异，从而判断试用药是否有效。

类似地，当产品经理在两个方案间举棋不定的时候，就可以将用户分为 50% VS 50% 的两组，两组用户分别应用方案 A 和方案 B。在线上实验运行一段时间后，可以通过两个组的核心数据比较，来确定哪个方案具有统计学意义的优势，从而选用数据表现更好的那个方案。A/B 测试方案既可以用于样式调整的方案选择，也可以用于与样式无关只影响数据流的策略调整方案。

将 A/B 测试应用于产品迭代，本质上是产品经理的工作从经验主义走向实验主义的体现：通过多个方案的线上并行，积累真实的用户数据，依靠用户行为的后验数据而不是产品经理的先验按主观偏好决定产品方案的去留。

以美团首页的频道导航为例：

频道导航使用两行还是三行、图标的大小、右上角角标的文案调整等，都是这一区域可以进行 A/B 测试的样式调整点。

哪些频道可以展示在一级页面，哪些需要折叠进“全部分类”，是一个可以进行 A/B 测试的策略点。

如果根据频道的收益规模和影响面来确定露出和折叠，那就是产品驱动的调整。

如果进一步根据用户的行为习惯，个性化地确定展现方式，那就是技术驱动的调整。

上述例子主要为了说明 A/B 测试是什么，能应用于什么样的场景和领域。接下来，我们就围绕 A/B 测试的各个环节进行更详尽的系统化的补充。拆解定义，我们不难发现，一次 A/B 测试具有如下环节：

· 用户分组以确定实验对象；

· 实验运行一段时间以积累数据；

· 比较两个组的核心数据；

· 选择具有统计学优势的方案。

用户分组（用户采样）是 A/B 测试面临的第一个问题。

首先，确定用户流量规模。在小体量的应用或功能上，我们尚可以比较粗略地选择五五开进行两组实验。当用户体量比较大的时候，我们通常不可能开那么大比例的实验，就需要从功能的影响规模倒推需要多少实验流量。比如，我们在一个 DAU 百万的应用上进行 A/B 测试，需要实验组和对照组分别有一万用户。如果是首页或主要产品路径上的实验，那么，我们只要开 1% 的流量就能够选取到足够的用户；而针对 20% 使用频率的子功能 A/B 测试，需要 5% 的流量才能有足够数量的用户进入实验组和对照组。

其次，确定用户采样方式。我们需要确保选用的流量具有足够代表性。换言之，我们希望在 5% 的用户身上得出的实验结论，能够平移推导到全量用户身上。分组不均或者选用了不具代表性的流量都会给实验结果造成偏差。较为恰当的方式是，我们对用户的特征进行适度梳理，在分组的时候注意不同特征维度上的平衡。

我们在实验中常用的几个基础用户特征维度有：新老用户（功能的深度用户和浅度用户，一般升级频率比较高、活跃度比较高的用户可能更容易尝鲜，也更容易推高部分数据）、系统类型（如 Android 和 iOS 平台之分，iOS 内部又有不同手机厂商之分，特定平台和手机厂商的用户可能表现出更好的留存或付费意愿等）用户、男女用户等。

为了确保分组的均衡，我们通常会使用 AABB 的方式，即两个对照组、两个实验组。如果测试正确进行的话，那么 A/A 测试里的两组将不会有区别。

当然，真实的生产环境中不可能只有一组 A/B 测试开启，多组实验并行的时候就涉及了流量的重叠使用。A/B 测试中，我们经常会涉及分层和正交的概念。

同一层的实验彼此间有干扰，不能相互重叠；不同层的实验针对不同的功能点，可以相互交叉。比如，对于列表页的信息展示我们可以同时进行交互样式和推荐算法的两组实验，那么用户流量实际上会分为四种：

1. 新交互样式和老推荐算法。
2. 新交互样式和新推荐算法。
3. 老交互样式和老推荐算法。
4. 老交互样式和新推荐算法。

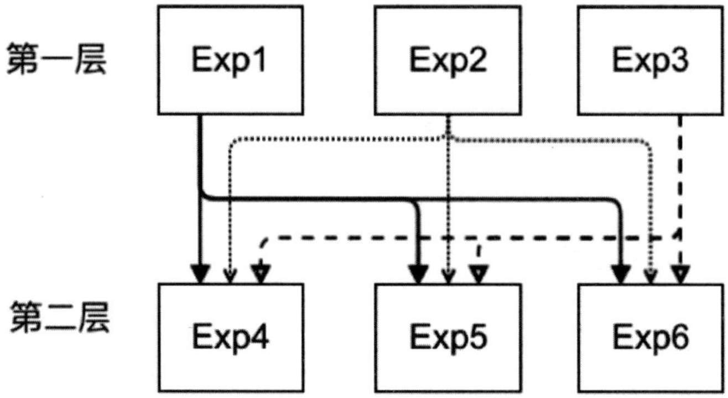

如上图所示，流量被分为了两层，每层中的实验彼此独立，但层和层之间的流量却被重新打散。一个用户只可能落入{ Exp1，Exp2，Exp3}三者之一、{ Exp4，Exp5 ，Exp6}三者之一。一个命中实验 Exp1 的用户，可能会命中{ Exp4，Exp5 ，Exp6}之一。在千万量级以上的服务上，同时在线上运行的会有成百上千个 A/B 测试。系统会在用户身上追加一系列 Exp 标签以进行追溯和区分，一个用户在系统中的标识可能会是：

uuid_OSType_AppVersion_ExpInfoArray[Exp1，Exp4，Exp8，…，ExpN]

实验运行周期的确定是 A/B 测试面临的第二个问题，其本质亦是有效数据累计的问题。由于实验内的使用规模是单日规模与实验周期的乘积，我们可以通过设定试运行周期的长短来累计实验的数据规模，对于不同特点的功能可以有不同的方式。

· 对于影响面大的小功能，通常会在周四上线，周五验证一下有没有漏洞或埋点错误，然后下周一、周二进行实验结果分析。这样，一个实验在线上跑一个周末后，经过三至五天的时间就可以得到功能的效果表现数据。

·对于大功能而言，稳定是第一优先级。通常建议在周一上线，每天更新实验数据和用户反馈，如果出现明显问题及时停止实验止损。

·对于可能会影响留存的功能，则通常会开更长的时间，如用一个月时间来检验新功能是否会对新老用户的活跃和留存情况产生影响。

·如果是影响面小的功能，更容易出现的问题是用户数不足，那么要么通过主观经验来选定上线方案来降低工程复杂度，要么开更长时间的实验来积累足够的用户数据。

核心数据的比较是 A/B 测试面临的第三个问题。

由于 A/B 测试已经有明确的目的，所以直接观测指标的确定和比较往往不会有什么问题，比如，优化商品回流页对于 App 的下载要考核激活率，优化用户主页或信息页对于特定用户的关注要考核新增关注关系规模等。我们在这一部分想额外阐述的是同时观察功能自身的核心指标和全局核心指标，即关注局部 VS 全局的关系。

在全产品线迭代过程当中，每个产品人都会有自己负责的功能点和领域，大家都在努力改进自己负责领域的功能指标，不免会有局部收益提升、全局收益下降的情况发生。比如，回流页使用了强刺激性的引导文案提高了 App 激活率，却可能因为造成了用户错误的使用预期而降低了后续的 App 留存；通过引导或元素突出的方式，可能会短时间增加用户和用户间的关注关系，但是新增的用户关系并没有带来进一步基于关系的互动。

为了避免这种情况的发生，我们在考核 A/B 测试时，就需要兼顾业务线的功能指标和整体产品的指标。只有在整体产品指标保持稳定的情况下，才进行业务指标的比较，避免丢了西瓜捡芝麻的情况发生。

实验结果具有统计学意义，是搞清 A/B 测试的最后一个问题。

很多实验中，方案 A 与方案 B 有 1% 的差别，而有些又只有 0.1% 的差别。那么，这样的改进是波动的偶然现象还是确凿的稳定现象呢？这个改进带来的收益是否置信呢？

为了解决这个置信度的问题，我们需要了解统计学的概念“P 值”。首先，我们对 A/B 测试提出如下假设：

- H_0：实验组和对照组没有明显差异；
- H_1：实验组和对照组有明显的差异。

P 值是指当原假设 H_0 为真时，获得和观察数据一致情况的概率。P 值越小，说明原假设 H_0 越不成立，因为概率太小了。如当 P 值为 0.01 时，说明如果 H_0 为真，我们获得实验数据样本可能性只有 1%，这时，我们有理由相信实验组和对照组是有明显差异的。

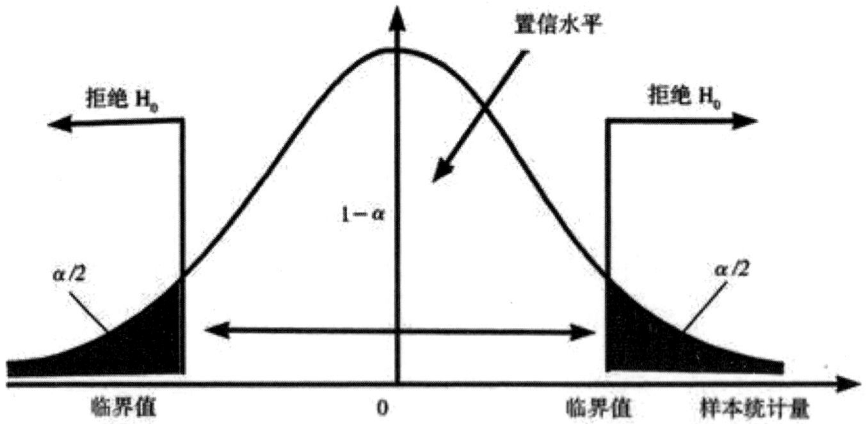

通常，在统计学上有一个显著性水平 α，当 P 值小于 α 的时候，

即可推翻原假设 H_0。在生产环境中，我们通常选用 $\alpha=0.05$ 作为衡量标尺。所以，并不是说实验组和对照组之间的差异大于 1% 就置信，只有 0.1% 就不置信，还是需要通过 T 分布理论计算 P 值来衡量。

为了计算 P 值，我们首先通过如下公式计算出统计检验量 Z 值，公式中的相关变量为：x 代表两个实验方案各自的均值、S 代表各自的方差（标准差）、n 代表样本的大小。再通过正态分布 Z 值表查询到对应的 P 值。

$$Z=\frac{\bar{x}_1-\bar{x}_2}{\sqrt{\frac{S_1^2}{n_1}+\frac{S_2^2}{n_2}}}$$

在做完调整频道顺序的 A/B 实验后，阿聪认识到：直接按照人均播放 VV 数据进行调整并不能带来最优的结果，因为不同频道渗透率的不同，不仅仅同频道位置相关，也同用户需求和认知相关：

· 一个频道的渗透用户量 = 有稳定认知、主动访问的用户量 + 无稳定认知的过路用户量。

· 一个频道的播放量 = 稳定认知用户数 × 人均高播放量 + 无稳定认知用户数 × 人均低播放量。

第四位的频道换到第二位，会增加大量无稳定认知的过路用户，但是这样的用户，人均播放量较低，虽然人数多了，但并不能带来更高的播放量。

因而，需要多次调整频道顺序，才能达到播放量全局最大的最优解。

在折腾了一周，终于把频道顺序确定下来之后，阿聪突然灵光一闪，对我道："阿呆老师，四个字的频道名字会在导航栏占据1.5倍的宽度。我们是否把它的名字调整成两个字，或者把后面的频道放到前面来，把'相声小品'频道放在首屏最后，只露出两个字？"

"不错，孺子可教。"我笑道。单单从频道名称和频道组织、频道顺序的角度，可以挖掘的东西就很多，我们再来深挖一下：

· "奇趣""开眼"这样的名词，用户能否理解？如果不能理解的话，我们是否可以改用更好的名字来降低用户理解成本？

· "原创"这样的频道，用户是否关心？用户看的是内容，不管是内容方、UGC还是OGC，用户甚至不会关心这个内容的版权部分。原创这个频道存在的必要性是什么？

这个案例中，频道名和频道顺序只是一个非常小的功能点。但是，深挖下去能够带来显著的收益。通过A/B测试不断验证我们的想法，才能最终找出最优解，全量上线。

产品新人的第一份 PRD

忙完了频道调整顺序的活计，阿聪在和相关产品运营人员沟通之后，找到了自己的第一个产品改造点：热榜的时效性数据补充和排序方式优化。

· 在数据源上，补充抓取了全网的时效性热门数据，运营通过审核即可将这些内容第一时间插入热榜。

· 在排序方式上，结合用户画像，让热榜内容也变得千人千面，不再只是千人一面的全局高热。先期只基于规则，按照用户感兴趣的分类，将分类热门内容插入到用户的热榜里。

三天后，阿聪带着诚意满满的原型图来找我了：用 Axure 做的原型图，从后台的数据录入页面到前端页面，他甚至连热榜里时效性内容的样式和角标都拼接了出来。

“阿呆老师，您觉得怎么样？”阿聪问。

“作为一份原型图，我能够打 90 分。但作为 PRD，我只能打 50 分。”

我道。

“什么问题呢？”阿聪皱起了眉头。

PRD 也需要用户导向

PRD（Product Requirement Document），即产品需求文档，应该是产品经理职业生涯中撰写得最多的文档了。它作为对于产品功能和边界逻辑的描述，连接着研发、运营过程中的种种协作者，如设计人员、研发（测试）人员、运营人员等。

产品经理在撰写 PRD 时需要秉持用户导向的思维，以 PRD 在不同产研角色之间的有效传递、团队迭代效率的持续提升为最终目的。一份合格的 PRD，需要解决如下问题。

动机说服

既然 PRD 是为了完成项目的推进落地，那么一个很重要的问题就是，项目是否能够排得上期。再完美的文档，排不上期也不过是空中楼阁。以常见的重要紧急程度来划分：重要紧急＞紧急不重要＞重要不紧急，至于不重要、不紧急的项目，就干脆别写 PRD 了。

产品经理的职责就是尽可能地提高业务的胜率，做出有切实收益且逻辑合理的产品方案。为了说服老板设计、研发这份 PRD 是值得作为高优项目推进的，我们就需要在 PRD 开头阐明“为什么做”和“值不值得做”两个问题。

· 项目背景模块：讲清楚为什么要做这个产品功能，偏重于逻辑描述，即我们为了解决一个问题，为了改善某部分功能的体验，又或者是为了追平某个竞品，服务于某项运营活动，等等。

· 项目收益模块：对于产品上线后的预估收益做出预判。如果说项目背景模块说明了为什么做，那么项目收益模块就在试图证明是否值得做。最好是能够提供可量化的指标，这种收益可以是用户端数据指标上升带来的收益（如 DAU 或停留时长的增长），也可以是内部成本节约带来的收益（如节约了 N 个专职人员，提高了效率）。

对于不同类型的产品需求，有着不同的收益预估方式。

· 如果是服务运营活动型的产品需求，需要描述清楚这份 PRD 所对应的子项目和整体运营活动的关系，链接到对应运营项目的优先级和收益即可。以百度 2019 年春晚红包活动为例，这种运营活动毫无疑问是年度性质的产品 P0 项目，各种产研方案都是经过拆解共同承担最后的运营目标。你的项目在其中扮演怎样的角色，是不是其他项目的依赖项目等，都可以作为项目收益进行说明。

· 如果是体验改善型产品需求，则需要描述清楚现存的问题对于数据指标的影响，体验改善后是否预期能够解决。比如，待改进的产品问题是否属于用户反馈的重灾区，解决了这个问题可以解决多少用户反馈，以预期提升 NPS 指标。又如，当前的产品在某几个指标上是否有改进的空间，参考行业经验做出的改进是否有可参考的行业数值。

· 如果是内部功能需求，则大多是成本效率导向的。在收益层面需要描述清楚目前完成工作需要多少人日，功能上线后预估将会降低多少人力成本等。以视频服务的内容覆盖为例，我们可以首先了解目前运营、

BD 同学的工作方式，获悉他们是如何确定对标服务和内容提供方的，每周在人工统计上花了多少时间。在预估功能需求上线后，能够在哪些环节提高效率，节约人效，从而给出更确定的收益预估。

· 最后，尝试探索型产品需求。这类需求本身就面临着更大的不确定性，所以，我们与其杜撰一个较高的收益，不如踏踏实实地描述清楚我们的预判是什么，对于项目拆分为几个阶段，对应阶段的止损线是怎样的，做到什么状态会进行下一步的迭代，做到什么状态就会止损停止等。

信息传递

在阐明了项目背景和优先级后，就进入了 PRD 的主体部分——对于产品功能的描述：流程图、Story 拆分、原型图、功能逻辑描述、埋点需求等诸多模块缺一不可。接下来，我们可以看看不同模块对于项目参与者的意义是什么，再来关注每个模块应该如何做，才能更有效地传递信息。

在产品的开发和上线过程中，我们需要对接的同事有：设计同学，将线框图、原型图落地为交互方案；研发同学，将产品逻辑编码落地实现；数据分析同学，给出核心的产品埋点方案以确保上线后能够正常追溯到数据，进行产品评估；运营同学，基于上线的功能进行运营方案的制定和落地等。

以打车软件的评价功能为例，整个步骤分两步，用户先选择星级评价，选择完星级评价后再展示提交按钮和候选项。

将这一产品意图以 PRD 的形式表达，我们站在用户导向的角度，就需要考虑不同人员对于 PRD 的需求点和观察角度是怎样的。

与设计同学沟通

对于和设计同学的沟通，个人推荐以流程图 + 原型图作为基础媒介。

流程图：主要用来阐明整个业务的数据流和处理逻辑，以及涉及前端展示或交互的部分，在整体流程中位于哪一环。

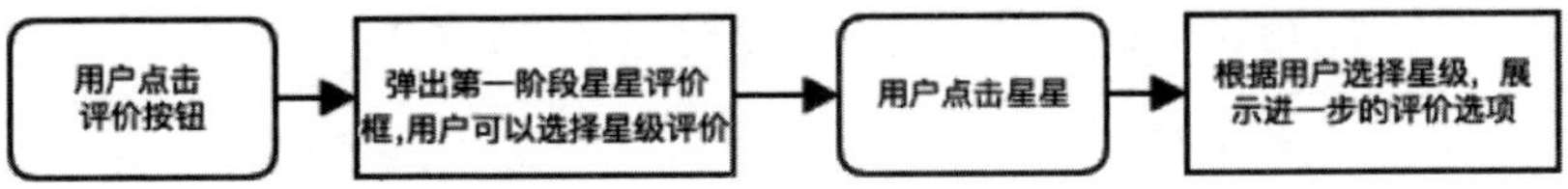

原型图：单页面上，要标明页面的展示逻辑（需要标明边界条件，如某个字段缺失、某个字段超长等）；多页面间，要标明跳转逻辑和

触发条件。此外，可以提供生产数据或者 Mock 数据作为页面中的示例数据。

<table>
<tr><td>原型图</td><td>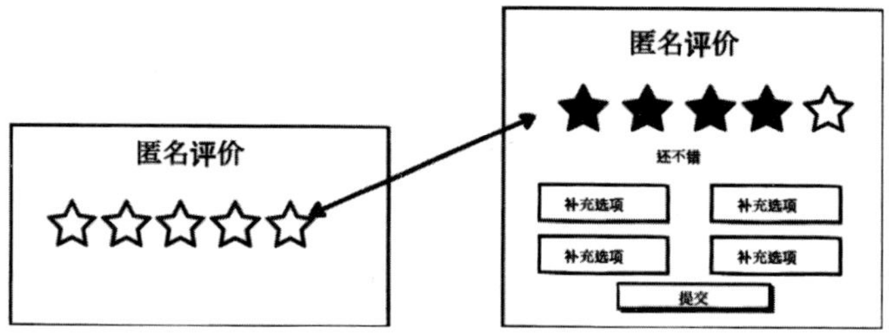
</td></tr>
<tr><td>逻辑描述</td><td>左侧为状态 1，右侧为状态 2。
· 状态 1 点击星星后，评价框展开进入状态 2。
· 状态 2 中：
■可以修改星级评价。
■在星级评价下方，展示进一步的补充选项供用户选择。
■补充选项由后端服务下发，内容和星级评价联动。
■补充选项最多 4 个。
■每个补充选项最多 6 个字。
状态 2 中，每个星级评价和补充选项的对应关系，由 @ 运营同学支持补充。</td></tr>
</table>

对于原型图的保真度，产品经理们偏好不一，有些偏好用 Sketch 或者 Axure 做高保真的原型图，有些则偏好使用 Balsamiq Mockups 等做出风格更简单的原型图。我个人更倾向于后者，只用原型图把产品的功能逻辑和大体布局描述清楚，而不致力于美观的改进。

正所谓“术业有专攻”，产品设计师应该最大限度地发挥其专业特长，所以我们没必要在初次沟通时就给设计师过多的预设，太多的框框会限制设计师的创造力。初次沟通时，确保设计师能够充分了解项目的意图和逻辑，以及可供参考的案例即可。在初稿产生后，再结合两个人的想法进行设计方案的调整。如果出现争执不下的情况，且产品经理确实预判交互设计对于最终表现有影响的话，那么开 A/B 测试让数据说话就是最好的解决方法。

与研发同学沟通

由于本人是码农出身，所以在同研发沟通的过程中基本没出过太大的问题。曾经是程序员，站在程序员角度来看产品经理的需求；再到作为一个产品经理，站在知道程序员是如何看产品经理的角度再去同程序员沟通，其实是一个蛮有意思的过程。

我们常常会听到“开发成本高、研发资源不足”这样的说法。有的新手产品经理会在这样的说法面前打了退堂鼓，有的老鸟产品经理则已经久病成医，知道哪些是托词、哪些是真的原因。产品经理不管是选择妥协还是争取，都是站在外部看研发的角度。作为曾经的研发人，或许我可以分享一下驱动研发的内在动力。

研发是整个项目周期中最耗人力的部分，研发同学最烦接到的就是收益不明确和朝令夕改的需求——不仅消耗精力，还没有成就感。要知道，驱动研发同学工作的，不仅是现金收入，更多的是完成项目并有规模化应用时的成就感。因此，从成就感和确定度的角度入手，产品经理和研发沟通时，可以按照如下顺序进行。

· 首先，基于项目背景和项目收益与研发同学进行二次确认：“开发成本高”是要跟预期收益做 PK 的，预期收益足够高的项目一定能够得到资源的支持。高收益的项目本身，就是对于研发同学成就感最好的驱动。

·其次，基于流程图进行主干逻辑的沟通，建立起对于项目的全局认知。研发同学大部分是理性思维，逻辑主线分明的流程图是比文字更好的沟通工具。

·再次，沿着主干逻辑拆解 Story，按照由重要到次要的顺序，逐个儿描述页面和功能点。对于各个功能，需要注明基础逻辑、边界条件、跳转触发逻辑等。其中，各种边界条件可能会作为后续测试同学构建测试样例的参考。

·最后，补充项目的前瞻性和路径拆解。即，某个功能可能会有二期，哪些功能后续可能会变成通用性服务，而哪些只是实验性功能，等等。项目的前瞻性能够帮助研发同学更好地确定自己的技术选型，是进行兼容性的设计，还是只做短期 trick 的方案等。

和研发同学的配合是一个具有累积效应的过程：每一个项目的产出更稳定、每一份 PRD 完成度更高，都有助于建立产品经理的个人价值，从而后续可以更顺利地推进项目。

与数据分析同学沟通

合理的埋点和数据统计分析，才能支持产品的可量化与迭代。在和数据分析同学有效地沟通时，需要更注意主要节点和核心数据的明确。

首先，围绕项目的预估收益进行沟通，明确收益的衡量指标和度量方式。比如，对商品详情页进行调整以提高转化率，那么需要关注的指标包括当前层级的数据：商品详情页加入购物车、直接购买等按钮的点击率，还要包括最终指向成交的数据，从商品详情页到最后完成交易的成交率。

其次，明确功能前后的统计口径是否一致，是否需要增加新的埋点。功能的迭代是需要有基线的，不管是A/B测试还是AA实验，都需要保证统计口径的一致，使得迭代前后能够进行有效的对比。

最后，拉研发同学一起确认埋点方式，是服务端埋点还是客户端埋点等，将埋点方案交付研发同学执行。

与运营同学沟通

不同于设计、研发和数据分析同学往往会全过程参与产品开发，运营同学大多是承接产品上线的结果，进行产品运营和用户运营。

一方面，在做PRD的时候可以提前抄送运营同学，让他们了解这个项目的背景和目的，并提前准备同终端用户沟通的话术。运营同学也会基于与终端用户丰富的沟通经验，提前预测用户可能会遭遇和反馈的问题，给产品以反哺。

另一方面，在项目上线前，务必沟通，让运营同学可以先熟悉一下功能，这样才可以传递给终端用户正确的信息，在接到用户反馈时不至于措手不及。我们常常会出现外部用户比内部运营同学更早发现产品功能上线的情况，实属不该，产品经理的内部流程应该检讨和改进。

结构

综上所述，一个基础的PRD文件需要包含以下几个部分。

· 开篇

■产品背景：为什么而做，阐明背景、原因、目的等。

■产品预期：产品的预期收益是怎样的，主要关注什么指标，这些指标的现状是怎样的，有无行业的参考数值等。

· 正文

■流程图：阐明整个业务的逻辑主线和状态改变。

■用户故事清单：做好不同用户故事的拆解，并对每个用户故事分别进行描述。

■用户故事描述：

▮功能点的重要程度拆分，以及每个功能点的详细说明。

▮原型图（交互稿）：阐明展现逻辑，标注出不同页面和状态的跳转。

▮埋点需求：不同的用户故事里的埋点需求，主要关注哪些指标等。

· 其他

■样例数据：用于设计和研发自测的样例数据和边界条件。

■功能开关和 A/B 测试：如果是功能迭代的话，可能涉及开关和 A/B 测试方案的补充。

运营环节：如果预期会给用户习惯带来显著影响，或者是需要对终端用户进行提前说明的话，此处应当提及需要关注的运营同事。

补充了产品收益和样例数据的阿聪，成功获得了研发的排期，第一个内部项目终于可以进入研发上线了。

“泪奔啊，阿呆老师。”阿聪兴奋地道。

“哈哈，恭喜恭喜，这才走完万里长征第一步。”我道。

埋点的设计与应用

任何事物的第一次似乎总是美好与遗憾并存。阿聪的产品改进上线也不例外，因为漏了埋点而在 QA 验收的过程中被打回，至少得延期一周上线了。

看着阿聪垂头丧气的样子，我安慰道："没事没事，百炼成钢哈。之前做过频道顺序调整的 A/B 测试，是复用已有的埋点和数据指标进行的。现在，咱们正好可以系统梳理一下埋点的设计与应用。只有科学设计的埋点才能更有效地支持 A/B 测试。"

什么是埋点

所谓埋点，就是在应用服务内预埋一些监测点，当用户的行为触发监测条件后，应用会向云端服务器发送相应的监测数据，产品服务以此来记录和统计相应数据。

借由埋点，我们既可以记录用户在单个页面内的显性动作（如各种按钮的点击动作），也可以用于追踪用户的隐性行为（如停留时长、页面的浏览比例、页面的滚动行为、页面元素是否显示等）。通过在产品流程的关键环节和节点中引入埋点统计，可以统计出最核心的业务数据。进一步，通过会话（Session）的标记，我们可以串联多个埋点，追踪多个连续页面，从而知晓用户的页面访问路径和行为特点，进行各种维度的漏斗分析，以支持产品的改进和优化。

举一个常见的例子，很多电商网站的促销页面中，都会采用瀑布流的样式，自上而下排列多个促销或信息推介模块（如不同品类的促销信息，领券小游戏等互动模块）。

在这样的单个页面内，可以通过调整各模块的呈现方式和模块布局来实现页面转化效率的最大化。想要更好地比较页面中各个模块的点击转化情况，至少需要支持以下三个数据。

· 各模块的展示量

· 各模块的点击量

· 购买转化率（购买按钮点击到最后的成单情况）

为了构建这三个数据，我们在上述页面中需要的几类埋点有：

· 埋点 0：进入页面的埋点

· 埋点 1：各个模块的展示事件埋点

· 埋点 2：各个模块的点击事件埋点

· 埋点 3：购买按钮的点击事件埋点

通过上述四类埋点数据的汇总，我们基本上可以覆盖这个页面的基础信息：整体页面的 UV，不同模块的展示和点击 UV，购买按钮的点击 UV。

如果我们假设不同模块对于用户的购买决策有不同的影响作用的话，还可以进一步在埋点 3 中补充额外信息：当用户单击购买按钮时，页面展现到哪个模块。比如，是大咖推荐的模块让用户有购买动力，还是更丰富的课程数量让用户有购买动力，等等。

在单个页面之外，我们还需要完成整个操作链路的记录，即用户会话。在上图中，活动页面是通过列表页的广告位（图左侧）引流而来的，活动页中的所有动作都会被赋予会话标志（SessionID），用户的行为会如下图所示：

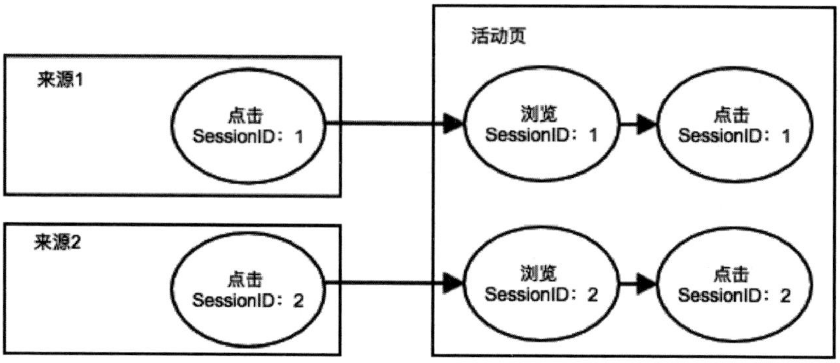

尽管在活动页内发生的浏览和点击、购买等行为类似，但是因为其上游的来源不同被赋予了不同的 SessionID。通过追溯 SessionID，我们可以清晰地了解哪个渠道带来的点击转化效果更好。

数据，是产品经理迭代过程中最好的朋友。更好地收集数据、理解数据，离不开产品经理对于业务埋点的熟悉，知道要制定哪些埋点，关注哪部分埋点。

网页和客户端如何进行埋点

埋点大体可以分为网页埋点和客户端埋点两种，均有较为成熟的第三方工具可以使用，以下分别进行介绍。

首先是网页统计。如果我们把一个网页比作一个商铺，那么我们关心的就是：有多少人来了、有多少人走了（页面访问的记录），这些人在商铺里看了什么、体验或买了什么（用户的浏览行为、点击行为记录）。网页统计可以使用如百度统计、Google Analytics（GA）或友盟（前CNZZ）等工具。三者都提供了页面访问的记录（PV、UV）和用户行为事件的记录两大类功能。

页面访问的埋点方法比较简单：

1. 在工具平台上注册账户，填写自己网站的基础信息。

2. 生成对应的 JavaScript 脚本（样例如下）。

3. 在自己的网页中引入对应的 JavaScript 脚本。

```
<script src="https://s96.cnzz.com/z_stat.php?id=xxxx&web_id=yyyyy"
language="JavaScript"></script>
```

页面访问统计脚本工作的原理是：在你的网站页面加载时，将下载并执行 https://s96.cnzz.com/z_stat.php 这一脚本：

· 脚本以参数“id=xxxx，web_id=yyyyy”来识别 PC 站的身份。

· 在页面打开时进行触发，上传相应参数，记录时间戳。

· 在页面关闭时进行触发，上传相应参数，再次记录时间戳。

由此，就完成了一次网页的访问统计操作。

用户行为动作的事件统计略微复杂一些，会在用户和页面的元素（各种浮层、按钮、链接）发生交互的时候向服务器发送动作的统计请求。如下图，当用户点击简书网站上的各种功能按钮（喜欢、赞赏支持、更多分享）时，将会向统计服务器发送信息。

各工具平台对此的记录方式类似，在对应元素的交互逻辑中，插入追踪代码。

```
_czc.push（["_trackEvent", category, action, label, value, nodeid]）;
```

在元素被触发的时候，就会调用这个 _trackEvent（ ）方法，传递以下参数。

· category：交互事件发生的对象类型，即动作发生在哪一类对象上，在简书场景下，比如文章、专栏、个人页等。

· action：动作本身的描述，如上图中的喜欢、赞赏支持、更多分享。

· label：用来进一步补充动作对象的信息，如文章标题、专栏名字等。

· value：通常用来记录数值型动作的信息，比如豆瓣网站的打分动作。

· nodeid：div 元素 id，选填项，填写网页中的 div 元素 id 值。

一个调用例子如下：

```
<a href="#" onclick="_czc.push（['_trackEvent', '小说', '打分', '达芬奇密码', '5', 'dafen']）;"> 打分 </a>
```

接下来，我们继续看看如何对手机应用进行埋点。应用的埋点和网页的埋点思想类似：在每个页面进入和离开时发送统计事件（类比为网站页面的统计），在用户有各种行为动作的时候发送统计事件（类比网站的行为事件记录）。

如果利用第三方工具来实现埋点的话，在应用启动时，首先注册SDK。

```
[UMConfigure initWithAppkey:@"Your Appkey" channel:@"App Store"];
/*
Appkey: 开发者在友盟后台申请的应用标志，可以类比网站的 web_id;
channel: 应用的下载安装渠道，如 AppStore、HuaweiStore 等。
*/
```

在打开某个页面或离开某个页面时进行记录。

```
/* 进入页面 */
- （void）viewWillAppear:（BOOL）animated
{
    [super viewWillAppear:animated];
    [MobClick beginLogPageView:@"Pagename"]; //（"Pagename"为页面名称，可自定义）
}
/* 离开页面 */
- （void）viewWillDisAppear:（BOOL）animated
{
    [super viewWillDisAppear:animated];
    [MobClick endLogPageView:@"Pagename"];
}
```

在用户发生各种动作时，将会触发自定义的动作。

```
[MobClick event:（NSString *）eventId attributes:（NSDictionary *）attributes];
/*
attributes 为当前事件的属性和取值（键值对），不能为空。
示例：统计电商应用中“购买”事件发生的次数，以及购买的商品类型及数量，那么在购买的函数里调用：
NSDictionary *dict = @{@"type" : @"book",  @"quantity" : @"3"};
[MobClick event:@"purchase" attributes:dict];
*/
```

埋点的规范与设计

埋点，并不是孤立的单页面需求，而是一个需要团队作战贯穿整个业务线、串联多个页面的综合需求。这也就给埋点的制定提出了规范化的要求。

各大公司都有专门的团队负责埋点事宜，制定埋点规范，协调不同业务部门同学遵守相同埋点规范进行设计，在研发同学完成埋点后进行验收，再产出数据分析报告，最后例行化到日常报表当中。以 LinkedIn 为例，该公司组建了一个 27 人的团队，只为做一件事情，在工程师、产品经理和分析师之间规范打点标准。随便一个分析需求，这个团队就需要花上几个星期去定义规范，最后才是开发、测试、上线等后续流程。

由于埋点的设计是为了合理地追溯、便捷地统计，我比较赞同 GrowingIO 的拆解方法，它们将数据拆分为 4W1H：时间（When）、地点（Where）、人物（Who）、内容（What）、行为（How）。

其中，时间、人物是标准化数据，会贯穿于埋点始终。

产品经理在自己的业务场景里，主要需要关注的是 2W1H：Where、What 和 How 的问题，即用户在哪个页面，针对哪个对象，进行了哪个动作。并根据动作的具体特点，补充动作的额外信息 Extra_Value。

如果你在简书 App 中阅读一篇文章，那么可能的 Where、What 和 How 就是：

Where	How	What	Extra_Value
文章详情页	点赞	文章	
文章详情页	分享	文章	微信分享、朋友圈分享
文章详情页	打赏	作者	打赏金额、打赏渠道
文章详情页	评论	文章	

在这 2W1H 中：每个页面（Where 的部分）都拥有独立的 ID，并记录自己的上游来源（From_ID）。由于动作会跨越不同对象（What）和页面（Where），因此需要遵循全局的 Extra_Value 标准。以分享动作为例，分享对象的不同，如文章或作者会带来 What 的不同，分享渠道的不同，则可以作为动作补充的信息（Extra_Value）。

按照 Where → How → What 的顺序来梳理，通常能够较完善地梳理出埋点的信息，做到不重复、不遗漏。

聚焦核心数据和主要路径，防止过埋点

在实际工作中，我们追求的是快速迭代和产研规范化中的平衡。我

个人的建议是：在实验方案上的初版埋点设计中，只关心主要的变化指标和主要的分析路径即可，切勿过埋点！

通过核心指标，我们能够评估出方案的优劣，通过主要分析路径的追溯，我们可以在核心指标不达标的情况下，找到可能的优化路径。而这一切，都只需要少数几个埋点就能够覆盖。

在工作中我们常会见到的情况是：一个三级页面里的每一张卡片、每一个按钮都被事无巨细地记录下来。从合理性上还算说得过去，但是从必要性上呢？恐怕就值得商榷了。

如前文中一再强调，埋点是为了服务产品迭代和重要信息收集的。如果一个埋点你压根儿就没打算看，或者是其上一级的父操作就非常稀疏，那么子埋点就压根儿没必要收集了。以活动购买页为例，如果没有加入“转发打折”或“拼团打折”的功能，你觉得会有多少用户自发主动地选择转发呢？在产研周期紧张的情况下，在这个页面中加入各种完善的埋点意义究竟有多大呢？

埋点规范是服务人的，而不是人服务规范的。关于埋点，我知道最惨痛的案例是：一个功能上线时设计了几十个埋点，可是上线一周后，连主收益都没有拿到，只能落得黯然下线的命运，那几十个埋点都没来得及看数据就全数作废了。

如何确定一个更合理的埋点集合呢？我们可以在确定埋点集合之前与研发工程师、数据分析师进行充分的沟通，依次明确下述几个问题。

· 产品和业务迭代的主要诉求是什么？（为了降低复杂度，我们通常建议一次迭代只服务于一两个诉求。）

· 有哪些值得关注的产品假设？（大家其实都会有一些关注点，比如增加了某个功能可能会有什么连带反应？）

- 需要哪些数据来支撑产品主诉求和产品假设的追溯和分析？
- 这些数据需要哪些埋点来支撑？
- 参考公司标准，有哪些基础埋点需要补充？

从核心需求倒推埋点，可以让我们收敛到一个必要却又不过设计的埋点集合。在埋点方案确认后，拉上研发工程师和数据分析师充分沟通，才可以让埋点的需求方、设计方与实现方对需求达成一致认知，避免理解不到位而造成的返工与延期。在完成功能开发后，埋点的测试与功能的测试同样重要：功能有问题自然不能上线，埋点有问题则如盲人摸象，上线了也需要回滚。只有在合理、正确的数据埋点支撑下，才可以得到有参考意义的结果，让每一次上线都有数据支持。

调整过埋点后，阿聪的项目二次上线了。

好在虽然有波澜，但项目的 A/B 测试表现正向，不至于第一个项目就落得折戟沉沙的命运。

“你这下真算是有了完整的上线体验了。评审、开发、上线、回滚，一个没落下。下周约个会，再安排一下复盘吧。”我道。

“得了您嘞。”

业务后台的设计方法

“阿呆老师，我在想要不要给运营同学再组织一场培训。”阿聪道。

“怎么了？”我诧异道。

“我们不是支持全网热门数据可进入热榜的功能嘛，结果发现运营同学把重复的视频插入热榜了。”阿聪一脸沮丧地抱怨道，“唉，明明在培训的时候说清楚了的。”

“2C 的产品，你会给用户一本使用手册吗？”我问道。

“啊？”阿聪没有搞懂我的问题。

“2C 的产品，你会给用户一本使用手册吗？”我重复道，“既然我们不会给用户每人发一本使用手册，那么为什么你面对后台产品的时候要格外强调培训呢？”

为什么后台是重要的

如果说面向用户产品的落点在于满足用户需求、提升用户黏性的话，那么面向业务的后台，就会落点在支持业务需求、提升员工人效上。

相较于直接面向用户的产品，内部业务后台的产品经理每天面对的用户就是同事，他们的包容度更高，反馈意见也会更加直白明确，能够很好地促进产品的迭代。

通过设计业务后台，产品经理不仅能够梳理产品的业务逻辑，还能够明确在整个业务链条里不同角色的定位和功能。这也是为什么我们通常会建议产品经理围绕自己的业务尽量拉通前后端，同时完成用户端产品和业务后台的设计工作。

设计后台业务的常用思路

通常，后台业务的设计规划会包含以下两方面：

· 逻辑抽象与提炼；

· 用户角色和权限管理区隔。

在“逻辑抽象与提炼”这方面，我们可以通过流程图来完成业务逻辑的抽象，表达出数据流或者业务流会怎么流动，在不同的节点上会发生怎样的判断和转化。

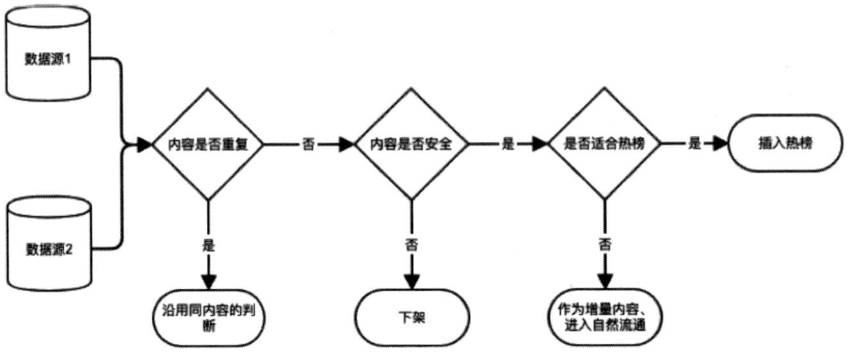

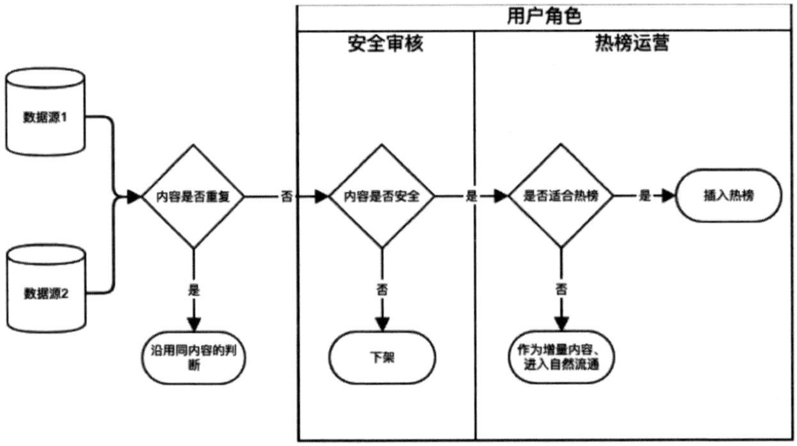

以热门视频数据进入热榜候选集为例，在数据抓取完成后，首先需要去重服务的判断，然后经过人工的安全性审核，审核通过后进入热榜候选集，人工判断是否适合插入热榜。其中，人工可见的界面应该至少包括三个：内容安全的判断界面、内容是否适合热榜的判断界面，以及热榜本身的内容数据表现列表。

在“用户角色和权限管理区隔”这方面，我们可以基于流程图做进一步的拆解，以泳道图的方式将不同流程环节里涉及的用户、权限进行区分。

继续热榜筛选的例子，内容安全审核和热榜操作分属审核同学和运营同学负责。两个角色应该有自己独立的操作界面，而不应该混用同一界面。

进一步，对于审核同学来说，在审核标准上，全网热门内容和平台内创作者生成的内容并无不同，只是为了业务目的（将热门内容更快上架），我们需要让审核同学优先审核这批数据。因而，我们不需要为热门内容增加新的审核页面,而是可以将数据流汇总进入正常的审核后台，以提高优先级的方式插队审核。

对于热榜运营同学来说，他们本身就在做筛选内容上热榜的工作，那么全网数据也可以融合进入这份数据，只是需要在列表页上优先标注出这些内容是高热的，辅助判断即可。如果担心误判的发生，可以在拒绝这一内容的时候，增加判断理由的输入。

此外，需要额外提醒的是：操作记录是后台设计中最基础的，却也是大家最容易忽略的点。在实际工作中，我们经常会碰到因为拥有权限的操作者过多，出现误操作却无法定位追溯的情况。

所有影响状态的操作，如增加、修改、关闭、发布等都需要记录操作历史，从而登记在系统当中，以便在出现问题的时候后期回溯。理论上，一旦公开过且影响到用户的信息是不允许删除的，而是建议关闭或下线。这样才能实现用户端不可见，但是后台业务可快速查找、定位。

重新审视自己做的后台，阿聪在数据状态上进行了调整：不同数据源的相同数据会首先进行合并，再和平台上的已有数据去重。这样，呈现在运营同学界面中的数据都是安全非重复的，可以直接操作，将其插入热榜，而不需要进行额外的重复性检查。

先抄后超？论模仿与微创新

尽管阿聪近来小的产出不断，但总是一副闷闷不乐的样子。

“怎么了？”我问道。

“阿呆老师，我觉得自己做的事情也太没意思了。目前在接手功能上做的改进，基本上是在仿照竞品的功能设计，我感觉自己的工作一点创新也没有。”阿聪抱怨道。

“那你想怎么样？”我追问道。

“当然是大刀阔斧，万丈高楼平地起咯。”阿聪豪情满满地道。

“打住打住，你这思想马上就跑偏了。”我连忙打断道，“你该不会对于‘先抄后超’的理论还不熟悉吧，为师这就给你科普一下。”

2018 年年底，快闪上线，POP 的团队在朋友圈吐槽快闪的一些交互和微信口令有“借鉴”的嫌疑，让产品经理圈子再一次开始讨论“抄”这个话题。

关于产品经理“抄”的讨论，我觉得很好的观点莫过于快刀青衣的一条朋友圈："会抄的产品经理很可怕，因为他们满脑袋想的是'赢'，而不是'如何显得我牛×'。"提炼下来，"想赢会抄不装×"总结得精妙！

如前文所述，尽管产品经理的工作具有匠人的属性，但同时承载着商人的属性。好的产品经理是协调团队解决问题的人，而不只是为自我创作的人。找到属于自己的系统性产品化方法，尽量提高做出正确决策的概率，让有收益的事情持续发生，才是产品经理应该做的事情。

先抄

那么，就让我们回溯到孩童时代，当你面对尚不熟悉的课本时，最常被布置的作业是什么？抄写！抄写课文、抄写公式，通过一遍遍地抄写复述，才有可能逐步将知识内化为自己所有，并在接下来的应用中，通过不断引用、调整，融会贯通。正所谓"熟读唐诗三百首，不会作诗也会吟"。

既然你少时没有骆宾王七岁《咏鹅》之才，免不了誊抄学习课文，那么，当处于产品经理的学童期，在面对新领域或者新功能的产品设计时，也请保持谦逊，先通过对前辈的效仿以对齐最基础的行业水准。

对于先进产品交互和商业模式的效仿，是具有客观合理性的。

在产品的设计和交互层面，在一个产品业态成熟的市场里，用户的使用习惯是被市场上不同应用方所共同教育的，那么当你在搭建基础功能、完善基础设计时，选用行业已经通行的事实标准就能够最大化地降低用户的上手门槛。作为一项新服务，我们追求的是产品整体对用户的影响，而不是在产品交互层就给用户增加学习成本。当你处在市场追赶者地位时，抄那些领先玩家的产品设计，是概率最高的方式。比如，我们会看到信息流的方式已经渐渐成为内容分发类应用的标配，无论新闻、视频、搜索应用都在开始沿袭这种方式。如果你要给自己的产品里添加一个信息分发的功能，选择瀑布流是相对稳妥的第一步。

进一步提升到产品模式或商业模式层面：快速试错、尝试跟进新模式，让“C2C”（Copy To China）成为行业术语。我们正在持续地看到西学东渐，将那些在西方市场已经成功的商业方案搬到中国本土来实验，如果成功了皆大欢喜，如果水土不服也算没有贻误尝试战机。尤其对于大公司来说，在产品研发人力有一定冗余的情况下，“不错过”似乎成为必然的选择。

2018年年初大火的在线直播答题，便是C2C模式最好的例证。2017年下半年，Vine的联合创始人Rus Yusupov和Colin Kroll打造了视频直播答题的初版HQ，一经面世便稳居游戏榜前十，甚至拿下过总榜第七的好成绩。随后，效师HQ的暗流就开始在中国互联网圈涌动，这股暗流在2018年年初一举喷发：王思聪的冲顶大会、映客的芝士超人、花椒直播的百万赢家、西瓜视频的百万英雄，其中既有盲目烧钱的，也有借助此模式实现快速用户增长的。不管怎样，直播答题撒币的风口让中国互联网喧闹了一回。

阐明了为什么抄，下一个切实的问题就是抄谁、怎么抄。

抄谁

领先产品的领先功能，非领先产品的特色功能。

行业领先产品并不是完美无缺的，通常，只有它的主线相关功能才是值得借鉴效仿的。对于一个在领先产品中比较旁枝末节的功能，则往往不具有参考性，我们需要转而寻找那些市场覆盖率不那么高，但是以对应功能为特色的产品进行参考和效仿。

比如，如果要参考音乐播放体验，那么 QQ 音乐、网易云音乐各有千秋。如果想要考查歌单功能、歌曲评论功能，显然网易云音乐更值得参考和借鉴。又如，如果参考信息流应用，头条一定是不能绕开的榜样，但是如果关注点是信息分发下的社区讨论和评论互动氛围，那么可能我们应该把目光投向网易新闻、最右这样的应用。

怎么抄

如果把模仿比作嫁接，那么我们需要找到恰当的枝芽和恰当的嫁接位置：将对方的核心模式进行提炼、功能拆解至最小单元进行罗列，再来研究适合自己的切入角度。

恰当的枝芽代表对功能的恰当选择，只选择精髓的、适合自身的部分进行效仿。以直播答题为例，HQ 真正值得抄的是玩法，如果你已经有了自己的直播产品，那么是不需要再照搬其产品设计的，仅仅需要将

“限时答题、复活机制、通关后平分奖金”等产品逻辑以用户们习惯的交互方式引入已有产品即可。

恰当的嫁接位置是指和产品逻辑流程的融合，我们是需要将对手的功能拆解后消化、融入自身场景的。我们不是要在 A 产品里面融入 B 产品，而是要在 A 的产品场景里融入 B 产品的特定功能，并让这个功能从 B1 内化成 A1。

以出行险为例，如果我们看植入在机票和酒旅应用中的保险销售会发现：在这样的应用里，保险业务是借由主场景中销售“出行、旅游”服务来获取上游入口流量和消费场景的。在这样的购物决策路径里，用户所做的是“顺便”而非“专门筛选”买一款还不错的保险产品，因此在产品设计时我们就无须像专业的保险购买应用那样，向用户事无巨细地罗列多家保险公司的产品并提供各种对比服务，而是更强调方便，让用户可以简单快速地做决策。

又如，如果觉得趣头条的“用户拉新返现 + 用户使用返现”的机制有助于利诱新用户熟悉产品功能、提升使用频次并最终提升新用户留存，那么就需要思考：如何在自己的环节里引入签到、重新设计签到的任务、优化金币奖励的阶梯设计，考虑奖励的部分是通过给付优惠券在自己的产品体系内循环流转，还是采用更简单直接的现金奖励，等等。

后超

当然，没有哪款产品能够仅靠效仿成功。

很多产品，尤其是步入了成熟期的产品，非常容易陷入“互相效仿”的怪圈。既然竞品做了这个功能，虽然看不懂为什么，但是一定有它的道理吧，那就先跟进再说吧。在这样的背景下，就产出了大量忙于做竞品追踪、追平竞品功能的产品经理，宛若一台台人肉扫描仪。殊不知，产品经理最重要的品质是克制：做出不做什么的选择，比选择做什么更重要。

举一个亲身经历的例子：

竞品A做了功能A，我们虽然觉得没啥收益，但还是扛不住“要做事”的压力，花了一个月的开发时间完成上线。结果，戏剧化的局面是：在我们这个功能的上线当日，竞品A将对应功能下线了，下线了！无奈，我们只能一脸蒙圈地上线，在线上一周A/B测试验证了数据不好之后，再灰溜溜地下线。

无独有偶，我们扛不住KPI的压力做了功能B，上线月余就发现竞品纷纷跟进。恰好碰到了对竞品熟识的产品经理，他一脸埋怨地道：“你们为啥上这么一个功能啊？”我也只能摊手：“人人都有KPI任务，只能怨你们没想清楚就抄了。”

强调产品经理有所不为，是因为对于做产品、做业务而言，“抄”只是快速追平竞品的概率最大化的手段，“超”才是产品迭代的最终目的。对于“抄”和“超”的关系，个人比较倾向于周鸿祎的理论，当通过“抄”快速追平了基础体验和流程之后，就需要研讨在此基础上需要做怎样的微创新改进了。

只通过“抄”来追平“基础体验”，是因为不同的产品有着不同的产品定位、发展目标和业务规模，这些基线条件决定了他们对于功能不同的复杂度需求。“微创新改进”就是为了结合自身的竞争优点来寻求产品功能的竞争力。一般来说，产品的主场景要求精益求精，这是用户使用时长和留存的关键；而产品的次要场景，则需要结合主场景的优势重新思考自己的定位。

以手机百度为例，搜索的主场景完成了人们意愿和信息的对接，最基础的模式莫过于检索出一系列网页，用户点击对应网页后再获取服务。而在这一基础上，百度提出了“搜索阿拉丁”的创新服务，将很多高频的、可归类化的检索词（如天气、股票行情、机票信息等），把结构化的概要信息直接前置显示在搜索结果页里，让用户免去了跳转到各种天气、财经网站的过程。

而在搜索的主场景之上，又存在很多需求规模足够大，可以将体验做重的子场景。小说搜索就是其中一类，每天有大量的用户产出关于小说的搜索词。那么，问题来了：在手机百度中，要把小说阅读体验做到多少分呢？

如果对标微信读书、QQ 阅读等专项的阅读类 App，手机百度无疑要引入更为复杂的阅读、收藏、画线等功能，更精美的排版体验等，整个应用安装包也会随之变得臃肿，对于一个子场景而言无异于反客为主。所以，手机百度的选择是用 =“还不错”为标尺进行基础体验的对标来承接住这类小说检索的流量，而将那些真正重度的小说消费用户，导向独立的百度阅读 App 来承载。

按理说，小说阅读发展了这么多年应该已经趋于收敛，可令人惊喜的是，不同的服务商围绕小说阅读拓展出了不同的新芽，用各自的方式去做“超”的探索。

· 在搜索应用里，借由高频的搜索、浏览场景来带动相对低频的小说阅读场景，通过相关搜索让更多的小说被用户发现、收藏并导向独立阅读 App 进行重度消费。

· 在信息流应用里，通过小说的单章节分发、书籍推荐等不同的维度让用户接触到新的小说。通过更新提醒等方式，加强用户对于小说消费的主动认知，从被动推荐消费变为主动寻路的消费。

· 在有社交关系、社区讨论氛围的应用里，进一步优化小说在社区整体环境中的流转。一方面通过社区讨论让更多的用户了解小说，提升自有功能的使用量；另一方面强化小说的分享、标注和评论体系，让用户基于小说产出的动态（如你的好友阅读、好评了某本书）和内容（评分、文字短评、书评）能够反哺社区内容。

· 除了书籍发现、讨论环节的创新，更有如蜗牛读书、米读等应用，玩出了每天免费读一小时、看广告读小说不花钱的新模式，差异化获取到了不同用户，实现了用户规模的快速增长。

“橘生淮南则为橘，生于淮北则为枳，叶徒相似，其实味不同。”先抄后超，就是让自己的功能能够站在前人的肩膀上获得更高的迭代起点，通过和自身应用场景更好地结合找到本土化改造的落地点、差异化竞争的发力点，从而换取更快的发展速度。

听完了这一套“先抄后超”的理论，阿聪的心情多少有些改善。

“对了，虽说你最近的改进很多是借鉴竞品，可是最新上的 A/B 测试，是正向结论哦。”我肯定道。

“嗯，解决问题才是第一要务。”阿聪点点头。

启动屏引导与小红点引导

阿聪为应用新加了“话题订阅”功能，用户可以通过订阅自己感兴趣的内容话题收到对应类别的内容更新。想法倒是不错，可是上线后发现，只有少部分用户尝试过这个功能。

这下，阿聪可坐不住了，跑来跟我商量：“阿呆老师，能不能在下个版本更新前，申请个启动屏引导啊？要是申请不下来，那至少得给我一个小红点提示吧，告诉用户这里有新功能了。”

“启动屏引导和小红点引导虽然是行之有效的用户引导利器，但是被滥用了。利器本无罪，全在持器人，一念可伤人，一念可度人。”

我一脸唐僧状地对阿聪道。

“呃，那我还用不用呢？阿呆老师您给个准话吧。”阿聪一副不达目的不罢休的样子道。

“急什么？且听我娓娓道来。”

启动屏引导（引导页）

启动屏（Lauch Screen）即我们打开 App 时看到的第一个页面，各路应用对于启动屏的设计方式和应用方式五花八门。

那么为什么要有启动屏呢?

启动屏本是起一种遮瑕的作用。由于早期手持设备性能问题，系统加载 App 资源需要一定时间，为了降低用户等待时的焦虑感，操作系统才引入了启动屏的设计。

苹果官方在设计规范中建议：启动屏的图像应该与应用程序的首屏高度相似而非进行其他用途的展示。这样，用户在启动应用程序时，iOS 系统将首先展示应用于启动屏的静态图片，在资源准备就绪后再切换进入首屏，从而提升用户对于应用快速启动的可用性感知。

在国外，如 Facebook、Snapchat 等应用大都遵循了这一设计规范，首先展示了接近首页框架的静态图，让用户感觉应用在加载中，之后再切换进入真实的应用内。

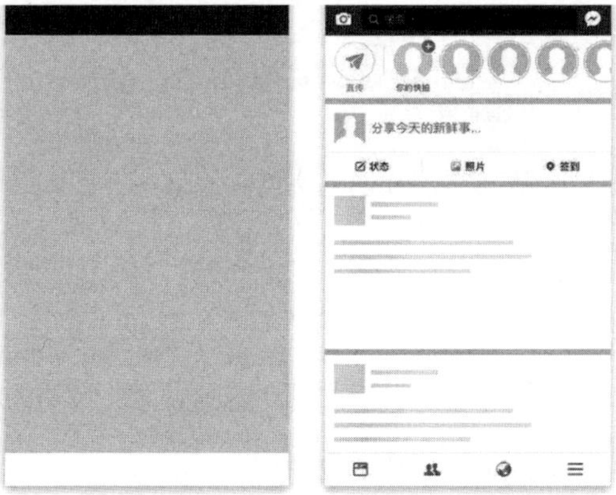

而在国内，大家更多地将启动屏应用于品牌宣传、商业广告售卖等目的。用于品牌宣传目的，如微信、支付宝、淘宝等应用的启动屏，它们的启动屏大多使用静态图，图片中展示品牌名称、Logo和Slogan，向用户进行价值观的传递，当应用资源准备就绪后即进入应用内。

用于运营活动宣传和商业广告售卖目的，在各种应用上更为常见。由于宣传运营活动或商业广告，需要给用户充分的曝光时间才能传达信息，所以我们常见各种应用的启动屏有五到七秒。这种设计与其说是启动屏的设计，不如说是在静态启动图片之后强制增加了动态的独占式弹窗，通过动态图或视频告知用户正在进行的运营活动。

启动屏引导，是指用户在安装某个应用的新版时，会首先看到两三屏的介绍，需要一屏一屏地滑动完毕后，才能正式进入应用内。由于这种引导方式过重，只会在新版本安装后出现一次。

在很多应用中，我们都能看到这样的设计，它们主要会围绕大的功能改进和产品升级进行用户告知。相较于开屏广告三至五秒的时间，启动屏引导往往耗时更长，对用户使用的阻断更大。

在我看来，启动屏引导大概是一个呆板的决策，并不建议使用。

为什么这样说？原因有二。

其一，对绝大多数应用来说，没有那么多功能重要到需要启动屏介绍的地步。

在上图中，启动屏引导介绍了这样几个功能：创建视频片段合集、视频即时评分、明星榜单上线。试问，这里面哪个功能是需要对用户进行强教育，能够显著影响用户体验的？

一个都没有。

既然没有到足够的重要程度，为什么要以阻断式的体验影响用户体验呢？

退一步说，即便真有重要到需要让用户一打开应用就看到的功能，为什么不干脆做成开屏广告呢？又或者将其录制成视频，在相应版本的应用中进行投放，让用户以更直观的方式了解这些功能是如何应用的。

其二，从统计实验来看，启动屏引导会影响新用户留存。

当一个新用户下载并安装应用时，他的诉求是快速享受应用提供的服务，而不是那些不痛不痒的功能介绍。在他对应用的主线功能还没有产生信赖感的时候，就强塞给他那些不痛不痒的支线功能，只会降低用户的满意度。还记得我们打400服务热线的经历吗？先要听一大段最新的服务介绍，才会出现真正有用的按键引导和服务提示。

对于讲求效率的工具类应用来说，增加启动屏更是误事。举一个自己的惨痛经历：我在驾车等红灯的过程中，打开导航软件想要看一下是后续哪个路口转弯，可是连续三个启动屏引导，再要跳过一个开屏广告，真是把人气得“三字经”都飙出来了。

我们也在特定的渠道包上进行过小范围测试，数据反馈结果，启动屏引导对于新用户留存呈不显著负向。

小红点引导

作为用户提醒和用户引导的手段，小红点引导是比启动屏引导更常见的应用标配。你不仅能够在操作系统的界面上看到应用将小红点挂在自己的右上角，进入应用后还能够看到无处不在的小红点，仿佛告诉你：这里有更新啦，这里有值得关注的功能或信息了。

我们在应用内能够常见的小红点形式有：一个小红点样式的基础形态，通常会展示在各个 Tab 入口位置；红点内包含数字提醒，通常应用于与计数相关的场景，告知用户有 N 条新私信或未阅读消息。IM 软件，如微信是最典型的场景。

在产品中应用小红点时，有一些大体的指导原则。

其一，需要有明确的导向性。

因为很多提示导向的功能或信息是展示在二级或三级页面上，所以，在小红点的提醒设计上，我们通常会强调建立明确的导向性，即用户在每个层级上都能够得到小红点的明确引导，从而顺利进入下一阶段。如下图所示，第一层的引导在“我”的 Tab，点击进入后，第二层的引导在“关注”的菜单项上。

其二，需要有整体展示量的控制。

由于一个应用内不同的 Tab 往往分属于不同的业务部门，大家为了争抢用户关注，往往就会出现多个 Tab 都红点频发的情况。在一个底 Tab 中，“热点”和“我的”都有红点，“泡泡”上更是同时出现了“红点加数字”以及出对话框形态的异型红点来吸引点击。

当一个应用内的红点频发时，往往噩梦就开始了。

短线来看是拼下限抢资源，露了红点的入口一定会比没有露红点的入口点击多、流量高，就像是用小网眼的渔网捞鱼，一定能够捞到更多的鱼。但长线来看，这种做法损坏了整个应用内用户的预期，让用户对于红点这一设计不再敏感，点击欲望下降。竭泽而渔的最终结果，一定是大家都没有鱼可吃。

因此，我们往往会从业务的角度和用户的角度来精细化调整红点的出现策略。从业务的角度来看，会根据业务的优先级和影响面分配资源配额，即我们希望红点打扰用户的配额被更有效地利用。从用户的角度来看，则类似于打扰频率的控制。单个个体在一段时间内，总的红点打扰量应该是有限的。同时，不应该被同一个业务的红点骚扰多次。

如何做用户引导

虽然说启动屏引导是呆决策，滥用小红点引导是懒决策，但用户引导始终是要做的，只是可以做得更克制，从追求转化规模入手，先面向潜在受众投放引导，而不是一味地广撒网、堆流量。

提示引导应该尽量只露出在上一级页面里，这就限定了引导的曝光范围，只有那些对功能可能感兴趣的人才会看到引导提示，场景的切换和功能的使用就能变得更加顺滑和流畅。

如果涉及多级页面，每一层级页面内只保留一个指向明确的引导，让用户可以遵循引导步骤逐个儿操作而不会被打断。

对于重点功能，还可以使用动画的方式来引导用户。

对于阻断型引导，需要始终保留醒目的“跳过”选项，让用户可以自主决定是否继续。

在决定使用引导方式后，产品经理应该在自己的主观引导诉求和用户的实验体验中做出平衡，毕竟用户需要的是更好的服务、更少的打扰，而不是帮助产品经理实现他的业务指标。

“对于用户来说，你这个功能改进算是高级操作了。你可以看一下已有的其他高级功能，比如关注、收藏夹等功能的活跃是怎样的。圈定这些人定向投放红点，让他们先来试用这一功能。”我建议道，“除了用户端的引导外，订阅话题对于创作者是否有明确收益？比如很多视频创作者都会在视频里引导用户关注、引导用户双击。如果订阅话题本身能够对创作者有帮助的话，就会有更多的创作者帮助我们一起做用户教育了。”

推送是怎么回事

这一日，阿聪提交给我一份新的 PRD：承袭订阅服务，他希望将订阅话题的更新以推送的方式告知用户。

“你这份 PRD 里没写推送频率啊，另外，订阅的推送频率和整个应用的推送打算怎么融合呢？”我问道。

“呃，还真没想过，要不一天最多三次？”阿聪挠挠头道。

推送是怎么回事

推送（Push）是一种可用于唤醒沉默用户的主动通知渠道。推送信息将会出现在用户手机的锁屏或通知栏上，通过文案的引导和样式的设计，吸引用户点击，从而达到唤起应用的目的。

从业务目标来看，推送的核心指标只有一个，就是“拉活”，即推送的点击次数和点击人数。为了达成这个核心指标，我们需要关注两个中间指标：到达率和点击率。

推送的到达率

推送的到达率是指，应用服务给一万人发送了推送请求，有多少人真的收到了这条推送。如果到达率过低的话，接收到通知的用户基数就会变小，从而起不到应有的通知效果。

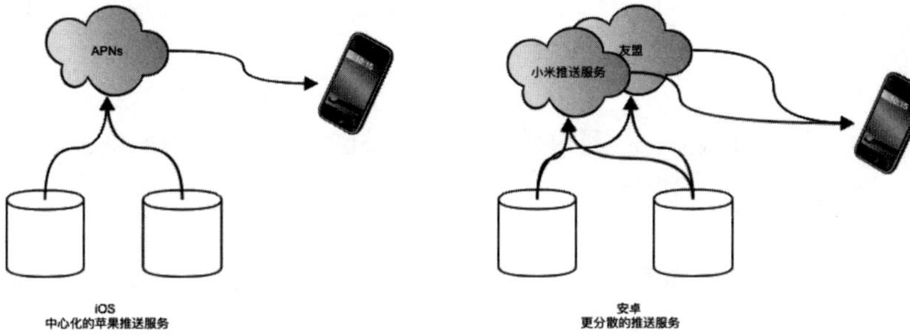

为了搞清楚这个问题，需要进一步了解推送的大体实现框架。如上图，推送的基本逻辑可以概述为：

1. 用户的手机中存在一些常驻的进程，用以始终与云端推送服务保持联系。

2. 应用服务提供商将自己要推送的内容发送给云端推送服务。

3. 云端推送服务将对应的信息发送给用户的手机。

强调可控和中心化的苹果，自己搭建了一套云端服务 APNs（Apple Push Notification service，即苹果推送通知服务）。无论你是直接调用苹果的服务接口，还是通过第三方如百度 SDK，最后的实现方案中都会调用苹果的接口。

而在相对开放的安卓系统上，尽管谷歌也提供了类似APNs的C2DM（Cloud to Device Messaging）服务，但考虑到国内安卓机的定制情况，这一项服务的应用量并不多。国内各大服务商通过自有业务在安卓机上的高覆盖规模（比如百度、友盟SDK），基于常驻进程搭建了属于自己的推送服务，大体可以分为三类：

· 手机厂商类：小米推送、华为推送、魅族推送。

· 第三方平台类：友盟推送、极光推送、个推。

· BAT大厂的平台推送：百度云推送、阿里云移动推送、腾讯信鸽推送。

为了优化到达率，安卓的应用服务通常会选择主备推送服务（如上一页右侧的情况），比如，以个推为主、友盟为辅，来保证推送消息的到达率。在特定品牌机型上还需要做单独渠道包的优化，比如，在小米和华为的设备上就需要选择厂商自有的推送服务作为主服务，稳定性更高。

推送的点击率

如果说到达率的优化是一个技术指标的话，那么点击率就是一个产品运营加技术能力的混合指标了。

打开自己手机的通知栏，查看各式各样的推送信息，我们最直观能够想到的，就是运营人工导向的文案和样式的优化。

· 样式的优化，需要结合操作系统版本来优化。通过自定义推送样式，我们可以将推送内容中的图片前置来吸引点击。

· 文案的优化，基本上能够等同于标题的优化。常见的套路有：

突出数字、留悬念、制造冲突，等等。比如，某购物 App 的推送：“只知道白色恋人？我们帮你挑选出了全球最好吃的 10 块巧克力。”在特定的场景下，运营还会主导一些可遇而不可求的应景方式。

除了推送内容和样式本身的运营优化外，技术的进一步深挖和精细化也有很大的空间。

在推送内容机制上，可以首先进行对于推送文案、推送时间的 A/B 测试支持。对于时效性不敏感的推送内容，通常可以借由 A/B 测试机制，圈定不同的用户群，对多个推送文本进行测试，最后选择出一个点击量最高的推送文案进行扩大范围的尝试。

在推送内容的细化上，要想提高点击率，我们势必不断拆解细分用户群，找到每一类用户点击意愿最高的推送内容。常见的，可以将用户群按照 RFM 模型和用户画像进行区分，对不同特征的用户采用不同的推送内容。而当人群细分到万粒度，甚至个体粒度的时候，人肉产出的规则已经难以覆盖，只有依赖技术的支持才能从足够大的候选集中选取出合适的推送内容。

在推送的时效性优化上，也有很大的赛马空间。比如，一条新闻，两家资讯应用都推送了，那么先推送的往往更容易获得点击。我们回溯推送的实现机制，一条内容的推送经历了如下四个阶段：

1. 应用服务器的处理性能。
2. 应用服务器到推送服务器之间的网速情况。
3. 推送服务器的处理性能。
4. 推送服务器连接到客户手机的网速。

因为第 3、第 4 项无法优化，我们通常建议从第 1、第 2 项着手进行改进。

什么样的内容或提醒适合推送

了解了推送服务的基础结构和核心指标之后，对于什么样的内容或提醒适合推送，就有了相对明确的衡量标准：除了公司级运营活动外，绝大多数各业务线的推送内容，都应该以“影响面 + 点击率”作为衡量指标。

对于“订阅服务”这个功能而言，要想使用推送的方式，可以综合来看功能影响面和点击率情况。

· 有多少用户有订阅行为？

· 有多少用户会主动访问自己的订阅页面，查看订阅内容的更新？哪种类型订阅内容的后续消费更多？

· 用户基于订阅的消费对于整体应用的留存帮助有多大？

第一个问题，用来描述功能的影响范围。如果只有少数用户有订阅行为，那么订阅提醒就是一个影响面更小的功能，推送提醒固然可以加，扩大使用订阅服务的用户规模显然更重要。

第二个问题，用来衡量用户的应用场景和主观意愿。推送功能只能强于用户动机，而不能生造用户动机。如果用户本身在应用内就不太回访订阅的内容，那么我们首先应该优化订阅页面的使用体验，加强用户对于订阅关系的认知，这样才可以用订阅通知将他唤醒。进一步地，我们可以通过分析哪类主题的订阅回访率高，从而细化我们的产品策略（比如，以计算亲密度的方式来决定哪个类型订阅适合通知，又如，累积一定量的订阅更新再触发推送通知机制等）。

第三个问题，从更完整的角度来看问题。从逻辑合理性和功能完整度的角度来看，订阅推送提醒是有必要的。但是在拉活和留存的指标下，这个功能是否适合调用推送资源，就需要再议。我们完全可以换一种实现方式：以高热内容推送唤醒用户，在主界面中以前置卡片的方式告知用户订阅内容的更新，或许也能达到拉活指标和业务功能指标的平衡。

我说："搞清楚订阅功能本身的活跃情况和影响面，才算是有数据依据地提需求。推送每天的配额很紧，如果订阅占用了一条推送，且这条推送没有达到平均的推送点击率，其实从全局来看反而是负向收益的。"

"呃，好吧，我还是先看看订阅功能的回访情况，再过来提需求吧。"阿聪道。

搜索是怎么回事

伴随着内容组织形式的不断丰富，应用内上线了专辑、作者专区、编辑专题等不同维度的内容二次组织形式。通过查看用户反馈，不少用户反馈表示搜索不出专辑，于是，将专辑等内容集合产品上线的任务就落在了阿聪的头上。

说起来容易，做起来难。在完成初步内容接入搜索后，阿聪发现经常会出现搜不到、排列顺序不合理的问题，频繁地向研发反馈，让他疲于奔命，于是决定弄明白搜索是怎么回事，怎样才能做出更系统的方案。

伴随着搜索技术的不断成熟，搜索已经逐渐成为各种产品业务的标配功能。无论是内容型产品、电商型产品还是社区、社交型产品，搜索都是产品业务中很重要的功能服务和流量入口。

面对作为标配功能的搜索，我们应该如何应用和调优呢？接下来，就让我们追本溯源，搞清楚搜索到底是怎么一回事。

搜索的场景还原

搜索场景承载了用户的主动诉求表达。

伴随着对产品服务的逐步熟悉，用户就一定会从被动接受的状态逐步生出自主探究、主动找寻的意图。在这种意图下，搜索就体现出了自己的功能价值。不同的应用对于搜索场景的依赖有强弱之分：同样是购物类应用，淘宝上的用户会更依赖于搜索的路径，而拼多多、小红书则更强调逛的体验。

搜索的基础结构

为了简化理解，我们可以将搜索的前端结构拆分为两部分：搜索词的语义理解，搜索结果的召回和排序。

第一部分代表了如何正确理解用户的意图。用户通常会用短语或自然语言的短句来表达自己的意图，那么首先就需要结合场景来更好地解析用户当下的搜索意图。常见的手段如分词（将一个短句切分为粒度更小的单词）、同义词变换（完成同义词之间的扩展，从而能够命中更多的内容）、纠错（将用户误输入的词语纠正为正确的词语）等。

第二部分则代表了在理解用户意图之后，如何更准确地匹配用户意图。搜索系统通常包括召回和排序两个步骤。我们可以将召回理解为粗排序（海选），通过不同的召回策略和召回源，从海量的内容中检索出一个较小的集合；而将排序理解为精排序（排名），在已经检索出的较小的集合里面，进行进一步细致化的排序。

在实操中，业务数据接入搜索的通常路径是：

· 资源层：定向准备覆盖，保证对应的资源（如商品名、品牌名、商品描述语等）能够被检索得出。

· 技术层：优化搜索的算法效果（准确率和召回率）和服务质量（稳定性和响应速度）。

· 交互层：优化产品呈现样式（体验调优）。

通过逐步迭代的方式，一步步地收获搜索带给业务的收益。

衡量指标

“又快又好”可以套用在很多服务的评价标准上，搜索自然不例外。

第一个指标：“快”。明确的是搜索服务的可用度标准，即能够保证在特定时间内完成对用户搜索请求的有效响应。从某种角度来看，搜索的“快”既是工程指标又是业务指标，如果服务响应慢了，用户很可能就弃用了。

伴随着网速的提升、移动网络的普及，用户越来越没耐心，对于搜索服务响应时间的要求也越来越高。在具体的业务场景里，我们可能会为了响应快的指标而放弃部分相关性的指标，以实现效果的折中。

第二个指标：“好”。此指标更多的是围绕服务满意度的体现，同时涉及算法和产品两方面。在算法角度，衡量搜索服务首先考虑的是准确率（Precision）和召回率（Recall）两个指标，二者定义如下。

准确率是指检索得到的文档中相关文档所占的比例。

$$\mathbf{precision} = \frac{|\{relevant\ documents\} \cap \{retrieved\ documents\}|}{|\{retrieved\ documents\}|}$$

precision@10即表示检索出 10 个文档中，相关文档所占的比例。即$|\{retrieved\ documents\}| = 10$。通常，我们会考量搜索结果首屏的 N 条中准确结果的比例。

召回率是指所有相关文档被检索出的比例。

$$\mathbf{recall} = \frac{|\{relevant\ documents\} \cap \{retrieved\ documents\}|}{|\{relevant\ documents\}|}$$

套用通俗的表述来讲：准确率是指搜索出来的结果里有多少是靠谱的，召回率是指在所有靠谱的候选集中有多少被搜索出作为结果了。

从准确率和召回率两个指标中不难看出，这两个指标和位置无关，更强调搜索出来的整体结果集的情况。但在业务场景中，我们通常需要进一步考虑位置相关的因素：搜索的结果列表页一定会有上下位置，更高的位置更容易得到用户的点击。所以，通过对于同样搜索结果集的顺序调整，将更相关的内容呈现在更高的位置，能够带来额外的收益。为此，我们引入了 NDCG 指标（Normalized Discounted Cumulative Gain）。在这个指标的计算中，高相关度的结果对于指标的影响更大，高相关度结果出现在更靠前的位置时，也会得到更高的指标。

除了在工程、算法角度不断优化准确率、召回率等各种指标以外，站在产品角度，我们亦可以通过产品展现样式、交互方式等进一步提升用户的体验。对于高频的搜索词，常见的产品优化方式有内容覆盖、结果前置和结构化信息展示等。

内容覆盖：从资源层的角度来优化搜索体验，对于没有满意搜索结果的搜索词，定向去补充内容和数据，更有针对性地去满足用户表达出的主动诉求。比如，当《流浪地球》上映的时候，用户往往会出现如“刘慈欣”“科幻”等时效性搜索词，作为业务方，可以通过及时引入相关电子书资源或者影评、书评等内容来满足用户需求。

结果前置：当用户的主需求比较明确的时候，将用户想要获取的信息直接呈现在列表页上，变中转页为结果页，让用户不用二次点击即可享受服务。几个典型的示例，如百度、微信搜索“天气”，即可获得天气信息在搜索结果页的富样式展示，搜索“快递”，皆可在搜索结果中直接输入快递单号进行查询。

结构化信息展示：在用户的主需求结果是可以被分类整理的情况下，通过运营的人工干预或规则干预，将主需求结果分门别类地展示出来，让用户可以更快速地筛选查看信息。比如，在视频应用中搜索某个明星人名，通常会系统地展现出这个明星参演的电影和电视剧、参加的综艺节目等。

当然，无论是结果前置还是信息的结构化展示，都涉及成本的额外投入，需要我们对特定类型搜索词的频次和时效性有更好的把握。这也是会强调“高频”的原因，只有足够高频的搜索才能带来足够的收益，从而保证投入产出比的合理性。

常见的产品设计

搜索页

搜索页的常见设计方式就是将热门信息（功能入口）、历史搜索前置暴露出来。

热门信息的前置暴露，一方面起到的是纯广告的作用，另一方面是对于用户搜索意图的猜测。这是因为在特定的应用场景下，用户的主流意图是可期的。以视频网站为例，用户的搜索会集中在几档头部内容上，通过将热门信息前置，能够一定程度上降低用户的输入成本。

历史搜索的前置暴露，取决于不同的业务场景。对于某些业务场景（如新闻应用），用户的搜索往往是一次性的，会在某个新闻事件发生后基于好奇的心态而搜索，但是在热度过去后并不会发生重复搜索的行为。而在另一些应用场景（如出行应用、视频应用），用户则会表现出一些基于时间的规律行为（工作日早晚出行、追剧），历史搜索记录的前置有助于降低用户的寻路成本。

当然，将哪一种内容暴露出来，还是依赖于应用的特点和用户习惯，通过对于点击行为的量化来最大化利用搜索页面的效率。

搜索建议

如果说搜索页面的露出热门搜索词的设计多少还存在一些利用页面进行广告曝光的意味，那么搜索建议则是完全出于降低用户输入成本，以完善用户输入意图的效率导向考虑。我们可以将其类比输入法的输入意图猜测。

通常，在搜索建议的层面会涉及的功能点有：搜索建议词的匹配，拼音模糊匹配，同义词的建议，纠错的建议。在产品的交互样式上，也会直接在下拉结果的第一位通过异型的卡片化样式来提供更直接可访问的结果。

搜索结果页

搜索结果页的设计通常会考虑有结果和无结果两类场景。

有结果的情况，最直接的方式就是以列表页的形式将检索结果进行展示，同时对命中搜索词的部分内容进行高亮显示。对于可结构化的信息，还会通过卡片的方式将检索结果和服务更好地呈现。

在复杂业务场景下（如电商），会对搜索结果进一步增加时间筛选、分类、标签等给用户提供二次过滤的选项。与此同时，还可以通过扩展搜索的方式，引导用户细化搜索意图，从而更快地收敛到用户更感兴趣的内容。

无结果的情况，则主要需要缓解用户的不满意度，提升服务品质。常见的做法是推荐一些业务内的高热内容，给用户提供一些可能的候选解法等。

阿聪有了自己的判断："看起来，搜不到是应该推动搜索组解决的召回问题，产品更多地关注研发同学的改进计划和相关指标即可。在专辑的搜索展示效果上，我们也可以再出一组新的交互方案。"

该不该敌视老板的需求

跟了几个小功能之后，阿聪渐渐地找到了一些感觉。

在基础功能的推进上，通过分析竞品、拆分用户路径和用户数据，能够产出还不错的 MRD。一些功能上线之后，也确实获得了不错的反馈。

可这一日，阿聪来找我了，只见他哭丧着脸道：

“阿呆老师，接了一个老板需求，总监让我把竞品的一个功能抄过来试试。”

“呃……怎么了？抄呗。”我一副无所谓的态度道。

“可是，这个功能很怪啊，看起来也没啥亮点。”阿聪抱怨道，“唉，真是痛苦。”

“欸，你这种想法是有很大问题的哦。”我本来以为阿聪只是随便吐个槽，看到他一本正经地在抱怨，我停下了手头的工作，开始了唐僧的碎碎念。

请记住谁在付你工资

选择从事产品经理工作的，大多数是自己有强主动意愿、创造意识、想要做一些不同事情的人。这样性格的人，当被指派设计一个方案的时候，往往会下意识地产生反弹情绪，更别说这个方案是必须做的老板需求了。在一些产品经理群里，敌视老板需求似乎成了一种政治正确，只要有人开个头，响应者颇多。

就我个人而言，我觉得这样的想法是不职业的。

在你选择一份工作之前，可能会有经济收入、业务方向发展、个人成长等多个导向的诉求；公司选择你，同样会有工作安排、管理层级、汇报对象等多个角度的要求。

那么，选择了入职，也就意味着你选择和公司达成了协议，随即进入一段相互磨合、共同前进的过程，这一过程的结果取决于你是否能够适应公司的节奏，公司又是否能够满足你的期待，等等。

皆大欢喜或是好聚好散，都可能是这一纸协议的终局，但是在协议的进行过程当中，记住谁在付你工资，这是职业人的第一准则，适用于任何岗位。

如果你觉得干得不爽，可以选择离职。只要你在岗位一天，就请对得起这份契约。

作为一个职业人，在目前的管理结构下，你大概会有一个向其汇报的领导。你的工作范畴由他指派，你的进展由他评估，你的成果会作为他成果中的一部分。这样的结构层层叠叠，不同的小单元合并成一个大单元，从而共同完成一个更大的目标。在这种组织结构下，执行老板需求，是一个不可避免的选项。

无论自己的情感因素几何，“执行”一定是最后的结果。

如何正确面对老板需求

尽管“执行”是最后的结果，但是在“执行老板需求”的大前提下，我们还是有可以发挥主观能动性的空间，寻求积极有效解决问题的方法，而不是被动无脑地机械化作业。

首先，请把老板也当成你的用户。

换位思考之后，我们往往会发现问题变得不一样了。

我们常说，要关注用户本质需求。当用户跟你说他想要更快的马车的时候，产品经理应该深挖需求，意识到该给用户提供的是一辆汽车，而不是所谓的汗血宝马。

对待老板时也是如此，关注老板的需求点到底是什么，才能够更有效地达成目标。

而太多的产品经理在收到老板需求时，就像是泄气的皮球，不再思考和趋近用户（老板）想法了，从而导致自己执行得痛苦，老板也对产出不满意，陷入双输的境地。

那么，老板为什么会布置一个需求给你？常见的大概有如下几个出发点：

- 看到竞品上线了某个功能；

· 看到了某个产品有某种功能；

· 听闻某个方案确实有显著改进；

· 自己主观觉得应该有某种功能。

以下逐个儿场景进行拆解：

其一，看到竞品上线了某个功能。

事实上，这个需求本不该由老板提出的。

系统化地监控竞品是产品经理的入门必修课。在这个时代里，独自冥想顿悟并不是什么值得夸耀的高效方式，以空杯心态、理性态度借鉴学习才是系统化迭代的最佳方案。尤其是在那些高度成熟、竞争充分的领域里，大家的产品解法大概是殊途同归的。比如，百度地图先上线了“公交 + 共享单车”导航，高德在随后几个版本中也上线了相同的功能。

产品团队内应该有专门的角色负责跟进竞品的动态，大家一起分析竞品功能点是否值得尝试，按照什么优先级和步调来做，等等。这样，当老板询问起来，就会基于已有的思考结论给出更有效的回复。

其二，看到了某个产品有某种功能。

碰到老板提出要效仿某个产品的某个功能时，产品经理该如何应对？

这种场景要求产品经理具有快速调研的能力，需要尽快搞清楚这个产品和功能的定位：这个产品在市面上的排名如何，这个功能在产品中的定位是怎样的，竞品是否也参考实现了这个功能，等等。搞清楚这些前置问题，我们才能更好地进行后续判断。

在对这一功能有一定认知之后，再去找功能和已有业务的结合点和预期收益，产出可能的解决方案。请务必确保这个解决方案先得到老板的认可，然后再进行下一步的落地功能。

其三，听到某个方案有显著改进。

在一个行业浸染得久了，会形成一定的圈子。有圈子就会有信息的交流。对于核心数据，大家心照不宣地不去询问，但是对于一些功能层面的改进和优化，只要不是直接竞品，还是可以得到相对可信的建议和信息的。

所以，从个人经验来看，那些有确凿信源的产品改进方案十有八九是靠谱的。而这些有显著改进的方案，往往不是复杂度很高的点，而是特定环节的效率优化与创新。对于这些老板凭借自己的信息优势获取到的改进方案，产品经理可以通过控制成本的方式快速尝试，通过数据验证的方式给出方案的切实效果。

其四，主观觉得应该有某种功能。

事实上，老板的主观想法，才是真正恐怖的“老板需求”，那些没有产品背景的老板想法尤甚。比如，我要一个社交功能，我觉得可以加一个朋友圈的功能，等等。

面对这种“我觉得”的想法或目标，我们首先应该把这个想法具象化，先对齐双方的认知。比如，我们很难凭空变一个“社交功能”出来给老板，起码要让他选择是像微信、微博那样的社交，还是像脉脉、陌陌那样的社交。通过行业已有的第三方产品做类比，通过简单的线框图提炼出最简版本，才能把更好的抽象变为具象。先对齐双方的认知，再考虑业务的合理性。

综上，对于老板需求，我个人建议的处理方式是：

1. 第一次沟通：了解老板需求的背景和来源。

2. 基于老板需求的背景，产出调研结论和产品 MVP 方案，并形成自己的判断，如这个方案是否值得尝试，需要以怎样的投入规模进行尝试。

3. 第二次沟通：带着对于这个需求的进一步理解去和老板沟通，提供自己的判断给老板参考，确保产品 MVP 方案符合他的意图。

4. 如果最后的结论是“做”，那么请放下自己可能的负面情绪，快速坚定地执行方案，产出实验结果。

5. 第三次沟通：把实验结果和自己的分析结论反馈给老板。

用自己希望别人对待自己的方式对待别人

我们站在员工的角度，总会下意识地排斥老板需求。但人总会成长，不管你后续的路径是做业务负责人，还是做纯管理型负责人，总有一天你也会有自己的团队。

当你也是团队的老板时，你会不会也产出许多在下属看来“似是而非的老板需求”呢？你又希望你的团队如何对待你的需求呢？是不加疑问地执行，还是阳奉阴违地拖进度？

也许你会选择前者，当你真正带一段时间团队之后，你会发现自己期望的是：“了解清楚自己的意图后，坚定且聪明地执行。”

从这个角度，作为负责人应该更充分地和团队成员沟通，先交代自己需求的背景和目标，以及建议的执行方案。只有让下属更好地理解目的，才能产出更贴切的反馈，避免不必要的反复。基于核心意图，快速形成落地方案，上线实验去证实或证伪。

“用自己希望别人对待自己的方式对待别人。”无论是菜鸟产品经理，还是资深产品经理，多一些沟通，少一些情绪。毕竟，追求业务增长、解决切实问题，才是老板和员工共同的最终目标。

阿聪鼓足勇气，终于去找总监了解了需求背景。

当得悉这是一个业内已经有应用的方案，尤其是了解了是哪家公司首先应用这一方案的时候，阿聪乐开了花，如获至宝地第一时间进行了实验上线。

故事的结局应该就是这样的：老板总是对的，不是吗？笑。

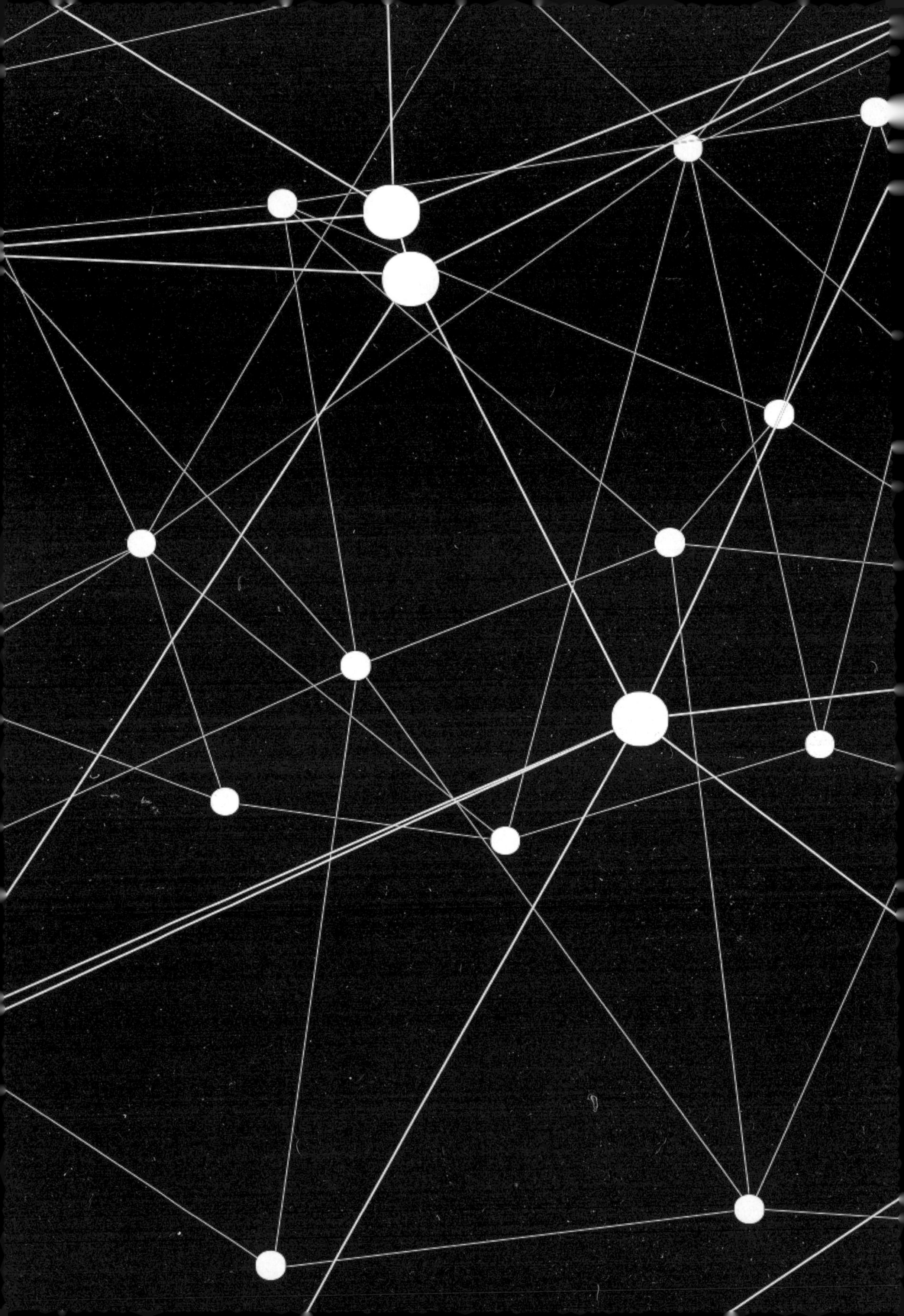

| 第三章 |

牛刀小试：负责独立功能

这一阶段需要更强的说服能力、过会能力，去证实自己产品方案的收益价值，去和各种项目 PK 优先级、平衡人力资源。

已有功能的接手改进，让我们在练中学，对于产品经理的工作建立更加完善的认知和感觉。那么下一阶段，我们就不只是修改已有功能了，而是要从负责的子方向或者承担的数据指标角度，提出自己的想法和产品方案。

设计一份合格的调查问卷

阿聪负责的播放记录优化项目终于上线了，从使用频率来看，比预期设想的要好很多。基于用户的正面反馈，项目组决定继续深挖播放相关的功能。在调研完竞品在播放方面的相关功能之后，阿聪决定进一步通过投放问卷的方式收集用户对一些播放功能和使用习惯，以及辅助产品的喜好，从而为下一步优化播放功能做好决策准备。

苦思冥想一夜，阿聪带着自己产出的问卷来找我了。“阿呆老师，您看看这份问卷是否合适？”

“只有一张问卷吗？”我问道。

“不然呢？”阿聪丈二和尚摸不着头脑，反问道。

敲敲白板，阿呆老师小课堂时间到。

问卷调查，是我们在收集用户建议和用户反馈时常用的手段。

但在实际操作过程中，很多团队将问卷调查看得太过简单，将其视作“一个人一支笔，小黑屋里憋出十多道题”的模式，问卷缺乏完整性和易用性。更有甚者，在问卷发放之初就已经有了自己预设的立场，所谓的问卷不过是试图佐证自己假想的一种手段，从而使问卷失去了中立性。这样的问卷即便投放回收后，也很难得出准确有效的结论，不能更好地辅助产品迭代。

要么不做，要么就认真地做。让我们更系统化地聊聊用户调查问卷。

明晰目标

对于用户调查问卷，最前置的要求便是厘清目标：只有在目标明晰的前提下，才有可能设计出更有针对性的问卷。

在问卷设计之前，产品经理需要认真地问自己："这份问卷是为了解决什么问题的？"是为了了解某个功能的用户使用习惯，还是为了调查用户的使用动机？抑或是为了知晓用户的使用体验？问卷中的所有问题都应该围绕这个中心目标而展开，不要引入偏离主题的问题。

以下表为例，就依次阐明了调研的思路、研究范围和目标用户等信息。

线上问卷计划

研究思路：

以深访得出的“视频消费场景、使用习惯”为基础，通过定量研究印证深访结论是否适用于多数用户；了解目标用户对短视频的消费行为，为后续的产品迭代等提供数据支持。

问卷研究范围：

用户对短视频的内容偏好、消费频率

用户关注视频发布者的偏好、是否会追更、与视频发布者的互动频次

用户通常通过什么途径发现热门视频

用户目前主要使用的短视频 App（如抖音、快手、秒拍）

目标受访者：端内的用户

目标样本量：1000 份

样本采集方式：以私信的形式向符合条件的用户发放问卷链接

访问时长：5 分钟

围绕目标，产品经理还需要对应补充自己的背景知识。如果是为了调研用户对某个阅读功能的使用情况，那起码应该了解行业主要的阅读竞品是如何处理这个功能的；又或是通过回溯过往的用户反馈，知道用户对于功能有无反馈。只有在自己使用、对比过这些功能，了解用户的基础反馈情况后，才有助于建立起一个相对完善的背景认知，保证问卷中的问题和选项设计能够更加全面。

让自己成为专家，清空预设立场，就可以围绕问卷目标开始问题设计了。

问题设计

问卷的基础格式通常分为标题、引导语、问题列表三个部分。

· 标题：开宗明义，让用户明白这个问卷是关于什么主题的，比如“网络小说阅读习惯调查”。

· 引导语：首先，可以介绍一下回答问卷对用户时间的消耗，如“本问卷包含 20 个问题，大概会花费您 3 分钟时间”；其次，可以用 30 至 50 个字来详尽说明这个调查的目的和意义，尽到充分告知的义务。

· 问题列表：通常，我们建议采用 20 个左右的问题以降低用户回答问题的成本，提高问卷的完成率。问题的设置应该由浅入深，逐步增加问题需要思考的难度和深度。大部分问卷会在问卷开头用 3 至 4 个问题来收集用户的基础信息，所以围绕问卷核心意图的问题是 16 至 17 个。

具体到问题的设计层面，有如下规则可以参考。

避免预设立场的引导性和倾向性

比如，一份围绕“90 后”个性表达的问卷，在问卷中设置了问题：“您对于网络流行语、二次元文化的看法等。”这样的问题其实预设了“90 后”的特征就应该是网络流行语、二次元等，所得到的也只会是围绕这些问卷方预设立场的答案，不能带来新的信息增量。

更多的封闭性问题而非开放性问题

封闭性问题泛指提供了可枚举选项的问题，用户只需要在候选项中选择即可完成题目作答。开放性问题指用户需要通过文字输入来完成作答的问题。开放性问题的回答成本会显著高于封闭性问题。所以，一般建议一份问卷中只有在文章末尾列出一到两道开放性问题，并不作为必答问题，以此来提高问卷的回答完成率。

表述和措辞应该尽量准确可量化，减少语义的不明确性

比如，问题“您是不是B站的重度用户？”在这个表述中，“重度”的定义是模糊的，究竟是每天一次算重度，还是每周两到三次算重度？语义的传达是有问题的。所以，这个问题的表述建议调整为“您使用B站的频率是多少？”通过给出访问频率的选项，统一问卷发放者的意图和回答者的认知。

选项应该尽量完备，对于不容易穷尽的情况，也给出“其他”选项。

同样以问题“您使用B站的频率是多少？”为例，如果只给出了“1～2次/周，3～5次/周，每天访问”三个选项，就漏掉了用户不怎么使用B站的情况。又如，在一些竞品调研的问卷里，我们通常会列举用户可能常用的竞品软件，在选项过多的情况下，往往只保留市场占有率比较高的竞品，将更多的候选项统一归结为“其他”或是开放性选项。

投放迭代

好的产品不是一蹴而就的，好的问卷亦然，需要经过几次反馈和迭代。

在正式投放给用户之前，我们通常建议邀请内部小组的同事来评审回答一遍，收集他们在问卷作答时碰到的问题，基于反馈进行如措辞表述、题目删改等方面的调整。在问卷问题稳定后，可以再邀请一批同事进行一轮内部回答，以估算用户面对这份问卷时的回答时间。

接下来，进入正式投放环节。

为了提升问卷回答者的有效性和针对性，我们通常会基于用户特征来圈定用户范围进行投放。比如，我们会给安装了特定竞品软件的设备进行投放，以了解用户竞品软件的使用情况；我们会基于设备的常驻GPS和出口IP信息，来给大学生用户进行投放；又或者，给某些功能的高频使用用户投放，以获悉他们对于这些功能的反馈。

为了区别出回答者是否认真回答了问题，我们还会采用一些小技巧来判断用户反馈的置信度。常用的技巧如：

· 选择一道问题，在问卷前后重复出现，问题表意类似，但是答案顺序不同。如果用户在两道问题下的答案一致，那么其回答的可信度较高。

· 基于我们在小范围回答时的参考时间，确定问卷回答的大致时间，如果作答者的回答时间明显小于这个时间，则说明这份问卷很可能是没有被认真对待、用心作答的。

有些问卷的投放还会进一步考虑可信度的问题。即，以同一问卷对同一特征群体进行调查时，多次独立调查结果的稳定性和一致性。为了保证问卷的可信度，我们通常会将一份问卷间隔一周，再次投放给具有同样特征的人群，基于两次问卷结果的差异性评估，来确定问卷的可信度高低。

结果分析

在实际工作中，我们往往需要将结果整理为画风华丽的PPT。

抛开表现形式不谈，问卷结果分析始终要保证两个方面：可信和有用。

可信，关注的是问卷数据的有效性。问卷有没有实现目标？只有回收到了足够多的有效问卷，才有进一步细分的价值。在主要问题上的答案是否置信？是否有参考性？如果某些问题的答案在同样特征的人群身上表现差异性较大，或是前后两次问卷投放中的结论差异性较大，那么这道问题的答案可能是不应当采信或进一步挖掘的。

基于有效、可信的结果，我们需要把问卷中暴露的问题、收集到的信息和实际业务相结合，才能让问卷落在实处、做到有用，而不是像某些消费习惯、文化习惯的问卷，只得出了一些看似华丽的大方向，却缺乏可落地性和对业务的指导性。

放弃了独自憋大招的打算，阿聪拉上小组一起开始重新评估自己的问卷设计。并邀请数据分析师，帮助选取问卷投放渠道和目标用户。（通过应用市场，投放给最近升级了特定竞品的用户；通过自有渠道，投放给同时安装了自己软件和竞品的用户。）

经过精心准备的问卷，在投放后，不仅收集到的有效回答率很高，也给业务几个举棋不定的 TODO 项提供了优先级参考。阿聪也终于要进一步独立设计更大的功能点了。

快速通过需求评审会

基于竞品调研、用户问卷的调查结果，阿聪开始独自设计和规划播放相关的功能改进。不同于之前小的功能改进，只要组内评估通过就可以排期了。这次是独立负责完整项目，还需要过事业部层级的需求评审会，阿聪不免忐忑地找我讨教：

“阿呆老师，下周就要过需求评审了，您有没有什么秘籍可以传授一下？”

“少年，我看你骨骼惊奇。我这儿有本秘籍——《项目推进秘籍》，见与你有缘，就传给你了！”我道。

在公司内，一个项目通常的推进流程是：

· 产品和运营围绕某个产品想法在组内讨论达成一致后，负责的产品经理将想法落地为 PRD 提交到部门或公司的需求评审会。

· 需求评审会通过后，会进入与设计师沟通和研发沟通阶段，以确定交互视觉设计（皮囊）和研发（骨架）的排期。

· 进入开发阶段，产品经理项目跟进开发，根据研发的反馈补充PRD中可能遗漏的细节。

· 产品开发完成后，产品和设计同学进行验收，之后提交测试环节。

· 灰度或全量发布，收集用户反馈和相关数据，并在遇到问题后进行及时的复盘和后续迭代。

一个需求最容易在需求评审会环节被打枪，我们甚至能够看到“屡战屡败、屡败屡战”的需求在反反复复地过会。那么，究竟该如何快速通过需求评审会呢?

需求评审会的参会人员往往是级别较高的资深产品经理和资深研发工程师，但是对你的项目意义和细节不够了解。从某种程度来说，他们参会的目的就是止损：通过不断质疑需求降低出现明显误判的可能性，确保这个需求是值得上线实验的。

所以，在参加需求评审会之初，就请做好“科普和被怼”的心理建设。“科普”是必要的，参会者各有各的业务线，不可能像你一样了解产品背景和意义，你需要利用短短的3～5分钟向会议各方讲清楚来龙去脉。

“被怼”也是正常的，大家都是抱着对事不对人的评判态度，别带着情绪来参会，请以解决问题作为最终导向。

科普

需求评审会的汇报，是一个将PRD转变为PPT的过程。

PRD是一份力求逻辑严密、步骤详尽的操作手册，需要讲清楚来龙去脉、前因后果，并将每一个分支逻辑都细化到设计和研发可以执行的程度。但PPT不同，它更像是一份产品的宣传手册，阐明产品的背景和意义，并针对可能出现的问题提前准备好FAQ，以达到科普的目的。

首先，PPT需要讲清楚为什么要做这个产品，即问题是什么，收益是什么，问题有多大，潜在收益有多高。公司内部的资源总是有限的，一个产品方案的潜在收益，决定了它可能获得的资源支持力度。

其次，PPT应该给出一个可落地的平衡产品方案。即，能够验证出效果的最小投入是怎样的，成本如何保证可控。收益和成本就像一架天平的两端，共同构成了产品是否能够获得足够投入的决策因素。

再次，PPT还应该多用图来说明自己的产品想法。人是视觉动物，相较于描述性文字而言，一张结构清晰的原型图能够更快地让评审者了解产品的主要意图。

最后，我们还可以针对方案里一些明显的风险点提前准备FAQ。比如，国内外是否有可参考的竞品和效果；产品方案是否具有可落地性，一些复杂的边界条件是如何处理的；一期成功或不成功，后续是否有进一步的改进调整方案，等等。

被怼

客观地说，在现实的工作中，产品方案被怼是再常见不过的事情。

在被怼的时候，先不要慌，基于自己的产品逻辑评估这个问题影响面大小，以及当前的方案是否能解答这个问题。很多问题涉及边界条件（如上线后的用户反馈预案和原有功能的关系等），虽然重要，但并不影响方案的主流程，可以进入开发后同时补充。

在评审的过程中，对答如流当然是上上策。如果确实没有想过也不好回答，就直接承认下来补充资料，不要不懂装懂、纠缠不清。无论是哑口无言或是巧舌如簧，都会给“评审团”留下一个准备不充分的印象，从而导致方案流产，遗留到下一次需求评审会。只有在应对问题时回答得当，让“评审团”感受到你认真准备了这个问题，才能在面对“被怼”的时候，有惊无险地顺利过关。

我们常说，产品经理的主要工作就是研究人，需要具备快速迭代逼近用户真实需求的能力。想要快速通过需求评审会也一样，你需要了解参加需求评审会的常驻人员有哪些，他们通常的关注点在哪里。只有清楚了他们的诉求点，才能做针对性的准备，避免会上低效的讨论。比如，技术负责人通常会关心一些问题的技术细节和技术方案的可落地性；产品负责人往往会关心产品方案是真需求还是伪需求，影响面的可复用性和扩展性；设计负责人往往会关心交互是否同应用整体保持一致，主要交互方式是否合理便捷。

作为新手产品经理，请不要因为被怼而介怀，而是要通过一次又一次被怼，丰富自己对于产品的立体认识，能够站在产品、运营、研发等不同角度来重新审视自己产品方案的合理性。所谓“平时多流汗、战时少流血”，在需求评审阶段被怼总好过上线后无人问津而带来资源损失。通过一次次的被怼，我们也能够不断提高自己的思维严谨度。

在方案初稿产出之后，先联系组内的前辈过一眼方案，给你提提意见，这样可以把问题放在评审会之前，也让新手产品经理有了更充分的准备和应对时间，从而更好地打磨自己的产品方案。

抱着《项目推进秘籍》，阿聪火速找了组内的几个资深产品经理和技术人员寻求建议和指点。由于不是需求评审会，大家的意见让阿聪觉得没有那么尖锐不可接受，而是从中发现了不少新的改进空间。带着基于大家意见改造出炉的 1.1 版产品方案，阿聪信心满满地上了需求评审会。

小议 MVP：小步快跑

阿聪的 1.1 方案整体上获得了通过，但事业部的产品总监提出了意见："整个方案基础思路没啥问题，但需要进一步进行功能提炼，先做一个 MVP 方案上线吧。"

阿聪赧然："已经很小了，还要怎么提炼呢？"

我笑道："不断通过'二八法则'进行要点提炼，这本身就是 MVP 模式的基础思路啊。"

MVP（Minimum Viable Product，最小可用产品）是由《精益创业》一书的作者埃里克·莱斯提出的概念，指的是以最小成本做出一个可用的产品版本，并将其交付给用户进行体验试用，从而快速获得用户反馈，并基于"最小开发交付体验—用户反馈"的正循环不断进行产品迭代。

为什么 MVP 是可行的

MVP 的理论基础在于：世界并不是正态分布，而是幂律分布的，绝大多数事物都遵循“二八法则”，即 20% 的部分占据了 80% 的权重。所以，在绝大多数的产品开发过程中，我们可以首先聚焦在这 20% 的需求上来验证自己的假想是否正确。

为了进一步降低成本、实现小步快跑，我们还可以在 20% 的部分反复应用“二八定律”进行精简和筛选，直到提炼出一个最核心的功能点。尽管这个核心功能点的投入可能只是完整产品的 1% ~ 2%，但是借由它，你甚至可以把握住整个产品超过 50% 的权重。

基于这一思想，我们可以提炼出 MVP 的核心观点如下：

· 把握用户痛点：所谓痛点，就是那个在产品内占比超过 50% 权重的功能点。只要有效地实现了这个点，用户就会愿意为你的产品功能埋单。

· 快速迭代试错：因为选择了 1% ~ 2% 的投入，所以迭代和试错的成本变得低且可控。当发现某一个步骤没有收获预期产出的时候，就可以积极转换思路，调整迭代和优化方向。

· 极致用户体验：在用户痛点的部分下苦功夫、笨功夫，才有可能跟竞品在核心竞争力上拉开距离。用户不会因为你做了一个大而全的产品就欣然接受，只会因为你在其核心诉求上的体验改进而念念不忘。

如下图，就是 Spotify 产品团队以汽车制造为例，给 MVP 的迭代方式进行的注解：在汽车面市之前，你该如何通过 MVP 测试汽车这个需求是否可行呢?

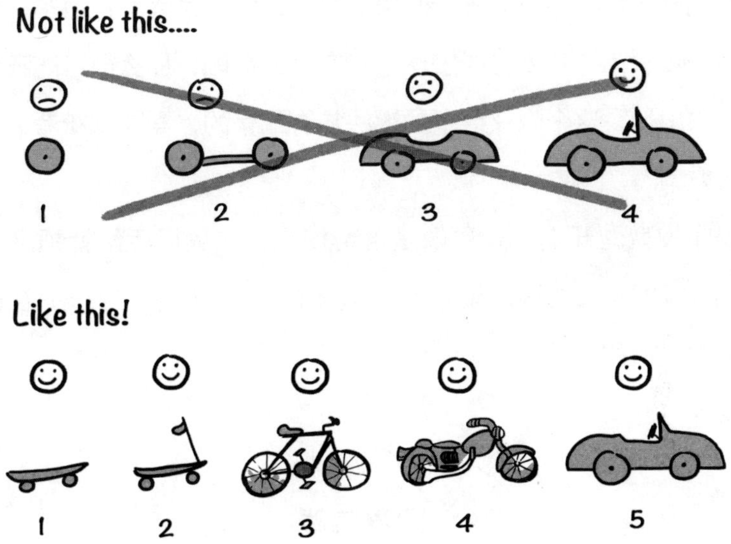

Spotify's minimum viable product concept
https://blog.crisp.se/2016/01/25/henrikkniberg/making-sense-of-mvp

传统软件业的瀑布模型开发方式如上图的上半部分所示，一个轮子、两个轮子、一个车体框架，再加上操控系统。经历过四步的生产，在投入了全周期的时间成本和人力成本之后，才能得到可交付的产品。这种更偏向于制造业的迭代模式，带来的潜在风险是：如果市面上对汽车没有需求怎么办？那么之前的所有努力就都付诸东流了。空客 A380 的豪赌失败，就是这种迭代方式出现偏差的一个例证。

MVP 迭代的方式如上图的下半部分所示，始终在通过“可交付、可使用”的产品来投放市场，获取用户反馈。既然汽车本质上解决的是代步、出行的问题，那么可以围绕“代步、出行”这个核心点来设计产品。首先，设计一款滑板，倾听用户反馈（是否不够快、是否操控不够方便），然后逐渐在操作性（从滑板到滑板车再到自行车）和速度性（从自行车到摩托车）两方面进行改善，最后摸索出最终态：汽车。如果用户在第一步、第二步就已经表现出对产品的抵触，那么很可能我们围绕“代步、出行”这个内核给出的解法是有偏差的，需要重新考虑切入点和解决方案。

瀑布模型的开发方式更像是上帝模式，在项目伊始就预设了最终态；而 MVP 方式更接近摸着石头过河的人类模式，走一步看一步，最终实现过河的目的。

业界实践

MVP 模式在业界的实践，有很多经典的案例，如 Groupon、ZAppo、Airbnb 等。

以团购鼻祖 Groupon 为例，为了验证团购模式，是否上线伊始就需要搭建网站，需要对接大量商家，以通支付和优惠券码的方法工作呢？答案是否定的。早期的 Groupon 为了验证商业模式，直接基于博客进行售卖，每天只售卖一款产品，消费者手动付款后，再将优惠券生成文件通过邮件的方式发给消费者。就是这样一个有几分简陋的方案，帮助 Groupon 创始团队验证了团购这一商业模式，给了他们继续迭代的信心。

同样以人肉方式实现电商 MVP 尝试的，还有 2009 年以 12 亿美元被 Amazon 收购的 ZAppo。在 ZAppo 创立早期，其创始人 Nick 为了验证用户有无网购鞋子的需求，先把去当地专柜拍摄鞋子的照片放到网上，如果有人下单，再去专柜购买。正是在这个过程中，Nick 验证了用户网购鞋子的可能性，从而决定进一步进行投入。

而在 Airbnb 的故事里，创始人发现房东并不懂得如何展现出房间最好的一面，影响了订单量。于是，他们花了 5000 美元借了一部高档相机，挨家挨户地免费为纽约地区的房主拍摄照片。通过这一做法，纽约的订房量涨了两三倍。这一做法很快被复制到巴黎、伦敦、迈阿密等地。

像 Groupon、Airbnb 这样小投入快速验证，基于反馈再进行后续迭代的做法，已经成了很多公司的标配操作。

说完了他山之石，再来细化地说一下如何攻玉。

尽管上面举的例子都偏重于产品从 0 到 1、商业模式的验证，但 MVP 的思路在每个功能点的设计和上线过程中同样也适用。

为了验证某个需求是否强烈、判断某个功能是否值得开发，一种最偷懒的方式是：增加一个伪功能入口，在用户点击之后，提示“功能正在开发中，上线后会第一时间通知您”。通过对十万量级用户的投放，即可以通过统计数据获知，有多少用户点击进入了此功能。

对于一些实验性的功能，可以通过功能点拆分、样式简化、MileStone 划分等方式，抓主要路径（场景）进行收益验证，让第一期的功能收敛到一个核心子集之上。必须在预设验证成立后，再去考虑子场景的覆盖和补充。否则，皮之不存，毛将焉附？

为了尽量保证精简与敏捷，我们可以对那些大的项目进行工作量校验：如果一个功能点超过了 10 个人日（两周）的开发量，就应该引入更资深产品经理进行二次判断和拆分，确保开发功能的必要性。

从认知 MVP 的概念到工作中将 MVP 的理念落地，始终有一段不短的路要走。我们在工作中仍然能够看到很多小题大做的案例。

比如，要给产品增加一个打卡功能，其产品设计的初衷是希望通过奖励的刺激来引导用户尝试使用功能，从而试图逐步建立产品黏性。很多产品经理很可能一上来就设计了事无巨细的机制，将单一产品功能的打卡扩展成完成多运营任务（如分享、新功能使用）的打卡，把单一的奖励机制扩展成为积分体系、积分层级兑换体系，等等。功能越来越复杂，却离产品的初衷越来越远。MVP 模式始终在我们耳边叮咛："产品经理最需要决策的，不是做什么，而是不做什么！"

MVP 实践的注意事项

在 MVP 模式的应用过程中，有一些注意事项值得参考。

其一，筛选 20% 的智慧

如前所述，MVP 的理论基础是基于"二八原则"，那么，考验产品经理能力的部分就在于：如何筛选出真正具有代表性的 20%，甚至 1%。如果从第一刀切分需求的时候就把刀子下歪了，只留下了不具代表性的部分，那就变成买椟还珠了，无法得出准确的结论。

对于新人来说，MVP 的切入点怎么选？

首先，仔细研究功能的使用场景和相关流量数据，优先在有更大用户规模的功能上动刀子，才可能收获更显著的效果。其次，将自己的产品故事罗列出来，试图给每个功能设计从成本、收益和依赖性角度打分，拆解出那些更具代表性的点。最后，寻师问药，找资深的产品经理来帮忙把关，通过人的主观经验进行二次判断。

只有产品经理想得更多，才能让研发做得更少。基于前置思考的拆解和取舍，不断筛选出“更重要、更有代表性”的 20%，才能最终收敛出合适的子集，让产品迭代科学有序。

其二，MVP 不是单纯压缩成本

MVP 模式压缩成本的前提是：能够交付一个“可用”的产品版本。

在上图的例子中，开发一个代步出行工具是可以从一个滑板开始启动的。但是，如果要开发一个飞行工具呢？恐怕就不能只做一个螺旋桨，至少得是一个热气球吧？

在实操过程中，常常有研发人员会对一个需要花大力气研发的功能提出质疑，认为这种投入大工期的方式不够 MVP。这种反馈其实是忽视了“可用性”，是一种对 MVP 的误读。在一些必要性无须商榷的基础功能上，或是在一些行业已有通行标准的业务领域内，MVP 的起点是在行业标准以上的。MVP 方式并不应该成为显著折损用户体验的借口。如果为达到“可用”的行业标准，需要投入相应的人力和时间，那么这种成本投入很可能是必要的。

其三，质变与信念

由于 MVP 迭代依赖于有短期可量化的指标进行支持，很多不能短期量化的部分是不适合以 MVP 方式进行实践的。

比如，社区或社交场景下的量变与质变。这些场景是需要通过社交密度、内容沉淀厚度来提升整体服务的使用频次与时长的。在积累尚未突破临界点的时候，很多产品功能以MVP来落地往往听不到任何响动。

又如，很多涉及产品体验和交互功能的优化，尽管能让用户主观感受到改善，但并不会灵敏地反映在功能的使用频次和留存数据上。但这种类型改进的持续推进，确实能够提升产品美誉度。

笃信正确的事情，相信量变终将带来质变，这或许就是产品经理的坚守与信念吧。

列出所有的功能点，阿聪一个接一个地进行标注：这个是否需要，那个是否可以简化，能否只在一个场景里上线而不需要做多场景兼容，等等。阿聪一步步砍掉了过于烦琐的部分，围绕方案想要改进的核心指标，构建出一个最小化的实验功能方案。

排期、上线与复盘

新的方案经由交互设计和研发测试同学预估，其成本只要两个设计人日、六个开发人日、一个测试人日，很顺利地得到了排期落地。

“好的开头是成功的一半。”我对阿聪鼓励道。

“可是，不还有另外一半吗？”阿聪一本正经地道，“这是我从头到尾负责的项目，一定要漂漂亮亮地上线，拿到漂亮的收益。”

“好吧，接下来，你还要经历排期、跟进、上线的全过程。继续加油吧！”

排期

通过了项目需求评审后，项目就进入了落地执行阶段，会交由对应的设计同学和研发同学进行排期。不同的角色有不同的工作依赖关系，因此在排期和推进上也有相应的注意事项。

按照功能划分的不同，我们大致可以分为：前端设计、前端研发、后端研发。

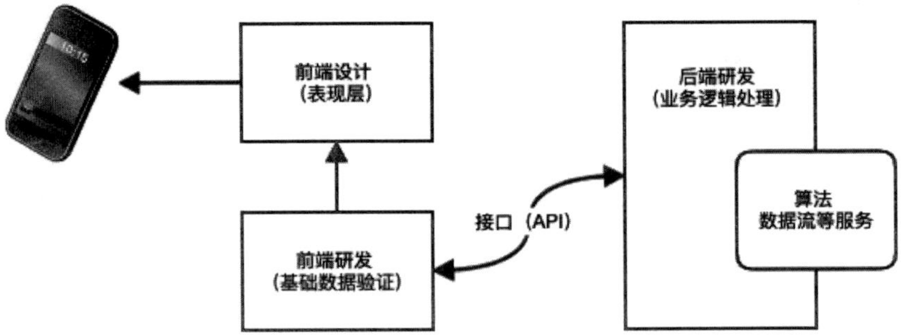

如上图所示，涉及前端样式改动的项目，首先需要设计同学的介入，完成视觉或交互的设计稿。

前端研发根据前端设计的设计稿，进行相应的编码工作。我们通常在前端上不进行复杂的逻辑处理，只做基础的数据验证（比如注册环节中手机号是否合规的验证）和埋点设置。我们可以简化理解为前端研发只负责请求数据和展现数据，复杂的业务逻辑全都放在后端进行处理。

前端和后端的通信，通过接口协议来制定。即前后端约定好，在不同的页面需要请求怎样的数据来进行页面的填充。

后端进行复杂的业务逻辑的处理。根据项目特点的不同，还会涉及如算法模块、数据库模块等不同模块的调整和改动。通常，我们建议将灵活性尽可能保持在后端，这样通过服务端的调整就可以快速实现前端展现样式、运算策略的切换和调整。比如，我们可以在上线之初就在前端预埋两种交互样式，每种交互样式下都对应两种数据填充策略。那么通过服务端的实验分组，就可以同时进行 2×2 的四组并行实验，从而验证不同样式结合不同策略的效果优劣。

了解了前后端设计、研发同事大体的分工是怎样的，才可以更有针对性地和设计、研发同学进行排期。

在排期问题上，最重要的是：厘清依赖、明确节点、留足余量。

以上图中所呈现的关系为例。

在开发层面，前端研发的工作依赖前端设计的工作，只有有了设计稿才能进行前端编码；前后端中间的对接依赖于接口协议，明确了接口协议，两组人马才可以并行地进行研发；如果后端涉及公司统一的数据库表结构调整，还需要进一步明确数据库表的调整方式。

在测试层面，产品经理需要配合测试同学完善测试样例，充分梳理出各个边界条件以确保数据的充分覆盖；在前端完成开发后，要协同前端设计同学进行 iOS 和安卓端设计的验收；在前后端联调完成后，还要以真实数据进行测试。

因为开发和测试中存在诸多依赖关系，我们在排期过程中一般需要明确的节点有以下几个：

1. 前端界面所需要的数据（不依赖于完整设计稿）@ 产品经理，前端设计，前端开发。

2. 前后端的接口协议，确保协议中字段完整覆盖了前端界面的依赖数据 @ 前端开发，后端开发。

3. 分页面设计稿的交付时间点 @ 前端设计。

4. 针对不同页面，后端提供伪数据接口的交付时间点 @ 后端研发。

5. 前端样式完整验收的时间点。

6. 前后端联调的时间点。

7. 测试样例明确的时间点，测试的排期。

上述这些待明确的节点里，第 1、第 2 需要最先确定，确定之后前后端研发同学才能开始设计研发方案；第 3、第 4 是为前端研发服务的，在完成一个前端页面的过程中，前端研发同时需要设计稿和可返回数据的接口，在开发过程中，由于后端研发的依赖项较多，很可能不能第一时间提供真实数据，就需要后端首先基于接口协议提供伪数据，支持前端的研发；第 5 服务于产品和设计师的样式验收；第 6、第 7 服务于测试的功能型测试验收。

最后，每一个节点都需要预留相应的时间余量。比如，测试排期是一天，那么需要至少多留一天给可能的漏洞修复吧。如果我们假设每个节点有 50% 的可能性会有延期或反复迭代一个工作日，那么七个大节点至少需要留出四个工作日才稳妥。经验上，会建议留出 20% 的时间余量，以应对各种可能出现的问题。

在工作过程中可供参考的一些小技巧是：

· 在确认排期的时候，请拉上各方的实现人员，并邮件确认时间点。

· 如果是实验性质的项目，尽量只开发 Android 版，提升测试迭代速度。

· 除非已经删减到足够精简的功能，否则还是可以将待开发的功能区分出三六九等，最重要的功能点务必保证上线。

· 前端的时间节点比后端的时间节点还重要，因为前端的时间点和发版上线时间耦合，错过了就只能赶下一个发版周期了。

· 尽量将上线日期排在周一、周二，这样发现时间余量不足时，还有周末可以加班（泪）。

跟进

在确定了排期和各个时间节点之后，就进入了跟进的环节。

勤快是项目跟进最重要的：勤问、勤沟通，及时了解项目进展是保证项目可控性的不二法门。对于重要的项目，通常会采用每日五分钟站会的形式及时同步情况；对于一般的项目，为了避免频繁打扰，通常会在每个研发周期的 50%、80% 时间节点上进行进度同步。

要是真等到项目的最后期限的时候，碰到研发同学双手一摊，那么再说是谁的责任已经没有意义了。毕竟，产品经理是产品的第一责任人。

在跟进中，我们经常会碰到的导致延期的问题有：研发人力被高优先级的项目占用；研发周期预估不足导致延期；产品设计考虑不周，导致各种边界问题没有覆盖，从而增加了项目复杂度。

问题是永远会出现的，解决问题才是产品经理的工作价值所在。

当碰到这些问题时，我们通常需要平衡和取舍，平衡研发人力在不同项目上的投入，对重要程度不同的功能点进行取舍。比如，线上事故是最高优先级的，老板项目是次高优先级的，在二者之下的项目都可以 PK 重要性；在延期不可避免会发生的时候，需要争取最重要的功能能够及时上线。

A/B 测试 & 复盘

如前述所说，在立项的时候，产品经理为了争取资源，首先进行了自己项目的推介，向评审会中的成员们宣讲了自己项目可能的潜在收益。

正是因为这样的潜在收益，产品才得到了开发资源的投入，有了后续上线实验的可能性。一个产品功能开发完毕的上线，绝大多数时候应该是以 A/B 测试的形式进行上线，而不是全量上线。

通过 A/B 测试，产品经理可以对自己所提出的假设收益进行验证。如果验证证明收益符合预期，自然可以全量上线，皆大欢喜；即便收益不符合预期的情况，也要进行深入分析复盘，搞清楚为什么出问题了，是否可以用更小的成本进行上线实验，避免此类问题后续发生。

除了对于项目收益的 A/B 测试与复盘外，对于项目推进过程中暴露出的配合协作问题、研发上线规范也要进行及时的复盘，整理自身的教训供他人参考。

谢天谢地，阿聪的项目经过研发同事周末加班一天的努力，总算赶在最后一刻如期上线了。

“看着项目上线，真有一种看瓷器出窑的感觉。”阿聪刷着自己项目的线上效果，成就感满满地说。

“别高兴得太早啊，只是小流量，能不能全流量还不一定呢。”我道。

“呃？那不行，辛辛苦苦研发完毕了，还能说下就下不成？”阿聪立刻开始护犊子了。

“哈哈，你这瓷器到底是赝品还是正品，还是看 A/B 测试的数据说话吧。”

以结果导向来推进项目

“阿聪，这个项目的进度怎么样了？”梳理每周 TODO 的时候，我按照惯例询问 review 进度。

“还没上线。”

“为什么？”我很诧异。

“因为这个项目需要运营同学进行数据标注，但是对应的运营同学有其他工作，这项工作的优先级在他那里不高，所以……”

“等一下。”不待阿聪把话说完，我就打断了他，“我觉得在这件事情上，你对项目的把控有问题。”

常有玩笑话说，产品经理只是挂着“经理”的名头，却不是什么“经理”：既不管理研发同学，也不管理运营和交互设计同学，着实是个既没人又没枪的光杆司令。

从另一个角度来看，这个“光杆司令”虽然并不是管理人员的经理，却是管理产品的经理。

管人的经理，需要对部门的人员组建与构成负责，需要对整个部门的产出负责；明确目标、协调资源、解决问题是管人的经理的日常工作。

与之对应，管产品的经理需要对产品从 0 到 1 的过程负责，对产品的最终线上效果负责。产品经理还需要明确每一次迭代的目标，明确围绕目标需要做的产品改进，协调设计、研发、运营资源，并解决从产品方案到设计产出，到开发上线，再到运营迭代这一全链路过程中的种种问题。

当然，只要涉及多人协作、跨团队合作，往往就免不了会有摩擦。

· 你会碰到这样的场景：交互设计同学反馈产品原型图的方案破坏了页面一致性，或是给出的方案不符合迭代的要点。

· 你也会碰到这样的场景：研发同学反馈当前的方案有难点，实现起来比较困难，需要一个非常长的开发周期。

· 你还会碰到这样的场景：运营同学反馈，投入人力过大，投入产出比不合适，或当前没有优先级。

碰到如上所述的摩擦时，你会怎么做?

当然，你可以为了团队的和谐而等待对方进度。这不失为一种选择，却不是一个为产品负责、为自己负责的选择。产品经理所做的本来就是创新导向的事情。若是碰到阻力，就只会“等、靠、要”，大概不会将事情做好。

为了更加结果导向地快速推进项目，我们有如下两条建议。

首先，在事前与各个团队达成目标认知上的一致，可以降低后续工作的难度。

举例而言，我们的任务是提高分享回流页的下载转化率。

在和交互同学沟通过程中，如果花大量的时间阐述产品功能“是什么”：我要这里增加一个引导按钮，那里需要对内容进行折叠和隐藏，等等，传递的信息往往会变成碎片式的。那么，当交互同学质疑内容折叠影响用户体验，或是产出的方案中引导按钮不够醒目时，双方就容易陷入过程的反复。

为了改善这种情况，建议在告诉对方产品“是什么”之前，首先传递“为什么”。在这个任务中，产品设计的初衷是在保证用户基础体验的前提下，增加页面的下载转化率。那么核心的衡量指标就是这一页面的停留时长和下载规模。明确了这一目标之后，交互同学才会在设计的过程当中更有针对性地去增加对用户的引导，产出更符合产品目标的方案。

其次，在推进过程中，产品经理也要学会寻求平衡与妥协，能够对产品需求做出必要的拆分和简化，以追求更快地上线迭代。碰到研发、运营团队反馈没时间、排期长的问题时，我们需要站在对方的角度去思考：无论身处什么岗位，大家每天都有需要完成的工作、需要达成的产出。笼统的一句“没有时间、排期长”，背后的真实原因无非是有更重要的事情占用了人力，当前项目的优先级无法获得排期。

还是以回流页改进的项目为例，假如我们在和技术同学的沟通中，碰到没有人力支持的情况，那么首先明确当下任务的重要紧急程度，是S级项目还是普通项目。如果产品每日的分享规模很大，而回流页又没有做过什么改进，那么毫无疑问这个项目的潜在空间很大，优先级较高。将项目的优先级传递给对方，才能方便研发同学更好地评估和确定排期。与此同时，我们也可以在了解对方手头上正在进行的项目后，去和其他项目沟通或者同上级进行反馈，看能否获得一些排期调度上的调整。

即便是普通项目，也并不意味着就完全分不到排期，需要沦落到“看天吃饭、坐等支持”的地步。毕竟，我们不希望把每一个重要不紧急的项目都生生拖成重要紧急项目。在这种情况下，我们可以通过拆分项目节点的方式，来减少对于其他团队同学工作量的要求，不追求一步到位尽善尽美。比如，在交互设计时，我们可以通过复用已有的组件来实现产品界面的布局，而不用第一步就做专门的交互设计；在依赖运营支持时，可以先圈定出核心用户范围，通过观察核心范围的数据情况再决定是否追加投入，而不是上来就高举高打。

产品经理的工作不应该止步于整理出完善的产品方案，而是需要完成整个链路：从原型落地为合理的设计，到分阶段的研发上线，再到合适的运营支持，从而让产品真正地触达用户，去验证我们在蓝图中所规划的效果。

每一次和团队开周会的时候，我都在强调产品经理的工作是结果导向的：在每一次考核的节点上，拿出来说的应该是功劳，而不是苦劳。我并不想在尘埃落定后，听到团队成员告诉我因为某某团队的不合作、不配合等问题导致结果有偏差。产品经理对最终效果负责，本来就应该解决过程中的这些问题：

· 要在执行的过程中及时暴露问题，而不是到最终的截止日期时给大家一个措手不及。（有问题，请举手！）

· 要在执行的过程中尽量解决问题，而不要等到目标未达成时去界定过错归属。

· 要在一线的沟通里尝试解决问题，而不是碰到问题直接上报给老板，对优先级和重要程度的判断是每个同学都需要具有的能力。

只有符合 Trouble Killer 标准的产品经理，才能成为真正的造梦者。

被一通大道理教育后的阿聪尝试与运营同学进行了二次沟通。

运营同学表示手头确实有优先级更高的促活项目，没有足够的人力支持阿聪的项目，但可以先期产出运营标注方案。两人达成一致：阿聪会参考运营同学的方案，自己标记一批核心数据交给运营同学审查，以此完成前期落地执行，在收集到上线后的数据后再和运营同学协商优先级调整。

当周内，阿聪的产品功能终于正式上线了。

上线不是结束，而是开始

今日，在和阿聪一对一的时候，我们例行梳理了他最近上线的产品功能。

“对了，这个功能后续怎么样了？”我指着他的工作列表问道。

“什么后续啊？这个功能不是已经A/B测试正向，全量上线了吗？”阿聪一脸愕然地回应道。

“当然不是啦，产品的上线并不是结束，而是一个新的开始啊。”我道。

常常有产品经理以功能实现为己任，功能通过A/B测试，成功上线就算告一段落，随之马不停蹄地奔向下一个战场。殊不知，打天下容易坐天下难，一款产品开发上线过程的结束，才是后续迭代过程真正的开始。

首先，是易用性的迭代

产品在上线之前所经历的，多是专家经验性质的评审和校验，能够保证产品功能的逻辑合理性。但是，产品功能是否真的好用、有效，是使用者说了算的。只有交付后进入真实场景，获取到真实用户，才能得到更多元的反馈，突破产品经理的认知盲区。我们可以通过主观的用户反馈、客观的数据观察，发现可能迭代的空间。

以我们事先的拼团功能为例，在其功能完成后，我们将其应用于不同的热门单品上进行测试，发现了很多可以优化和改进的点。

· 数据层面，首先发现的问题是拼团的成功率不高。回溯过程数据后发现，付费用户的人均分享次数只有 1.x 次。直观的产品假设，提升团长和参团用户的分享规模，有助于拼团更广地传播，进而提高拼团成功率。因此，产品上可以做出的改进如：在拼团的截团时间点之前，增设更多的引导提醒（如购买完成后的提醒、有新人参团时的进度提醒、即将过期提醒等），通过进度的更新和用户的引导，将人均分享次数提升，以期影响最后的拼团成功率指标。

· 用户反馈层面，很多用户反馈找不到自己的订单。这是由于在已有的设计里，主要借助微信内的 H5 页面实现了购买和传播，用短信完成了成团或拼团失败的提醒。对于那些希望经常查看自己拼团状态的用户，这种缺乏固定回访入口的不稳定体验实在太差了。为了改进这部分的体验，可以在用户发起、参与拼团后，引导其关注微信公众号。对于那些没有关注的用户，以短信的方式告知其后续的查询方式，从而帮助用户建立起稳定的回访预期。

· 运营同学反馈层面，通过将拼团的模式应用于不同品类的商品后发现，适合拼团的商品是有一定特点的，不同商品的成团路径也是有一定特点的。例如，商品本身能够支撑起拼团价和原价的足够价差，只有足够的拼团收益才能让用户有动力借助自己的社交关系来拼团；又如，不同特点的商品会有不同的投放渠道，一些兴趣向的商品通过兴趣群、兴趣论坛来投放，目标用户能够快速借助自己的群关系来完成拼团单。

基于数据层面的反馈、用户主观反馈收集和运营同学的使用观察，我们能够反向推导出产品的用户端可改进空间和运营端的使用指南，从而提升产品功能的易用性。

其次，是影响面的迭代

做产品功能，不是养猪而是养娃。不仅需要管上线过程，同时要从一个负责人的立场去关心产品后续的成长性和影响面，即产品对于目标用户的覆盖比例和应用程度。

在团队内部，我们可以通过对内培训和信息同步的方式，让更多的相关同事了解新产品的功能特点和使用方式。通过运营工具的迭代让运营同学充分理解并为新功能助力，从而不至于让产品功能明珠蒙尘。

面对用户时，我们也可以通过完善用户引导、针对特定用户强推、结合大流量运营活动带动等方式，让产品功能可以直面目标用户，从而让更多的用户开始尝试、习惯使用并传播对应的产品功能。

考虑到产品功能是服务于整体业务指标的，我们应该尽可能地让它成为整条业务河流中的有效的支流，而不只是独立的一摊死水。通过内部的支持和外部的用户引导，才能使产品得到源源不断的用户使用，从而让产品功能达到应有的影响面。

最后，是定期的反查

经过了前两步迭代，产品功能通常可以在消费端或是生产端发挥应有的作用，产品经理也可以放心地转战下一个战场了。但是，别忘了那首脍炙人口的歌曲《常回家看看》。业务是一条河，河流本身也会改道和变换方向。服务于业务目标的产品功能，也会表现出一定的时间阶段性。

以微博为例，早期的微博更多的是社交平台，具有很大的社交密度，产品运营通过加强社交关系分发能够很好地提升用户活跃度；而中后期的微博则转变为媒体平台，用户更多地消费而不是创造内容。对于产品而言，“更好看”就成了新的目标，内容的传播开始更依赖于算法推荐的方式。

以社区类服务为例，早期的社区规模较小，产品运营会尽可能地降低用户入驻的门槛，让更多志同道合的用户找到社区、使用社区功能来发声。随着社区规模的扩大，为了保证社区的调性不会被后来者冲淡，就需要逐步抬高社区功能的使用门槛，让更多的用户只能看（消费内容），不能很方便地写（创作内容）。这种先松后紧的方式，成了绝大多数社区产品迭代的方式。

定期的反查让我们得以用发展的眼光看问题，重新审视产品功能和业务阶段的契合度。该迭代的迭代，该下线的下线，一切结果导向，而不至于敝帚自珍。

通过和运营人员的沟通，阿聪很快发现了自己产品功能的改进点。通过将产品后台变得运营更加友好，这个功能被更多的运营人员使用起来，从而收获了更大的用户端影响面。

从用户产品到商业化产品

“阿呆老师，告诉你一个好消息，我刚刚PK掉一个商业产品的需求，他们想在我们的页面里增加广告。”阿聪一脸骄傲地冲我道。

“你PK掉什么需求了？说来我听听。”我道。

“是这样，商业化想在我们的信息流里插入视频广告。”阿聪回答道。

“呃，听起来还行啊，有什么问题吗？”我诧异道。

“阿呆老师，当然有问题了。我测算过，如果引入广告的话，会让我们消费端的整体停留时长跌5%呢，而且……”

“是啊，跌5%，然后呢？”我追问道。

“呃……”阿聪被我问得摸不到头脑。

“没有商业化，我们的工资从哪里来？”

体验是有成本的。

用户体验导向是每一个产品经理都有的理念，我们在审视产品方案的时候，经常会自问一个问题：站在用户的角度使用体验是否妥帖？

这里要抛出一个可能有违主观感知的概念：体验是有成本的。

这种成本，首先表现在人力成本和资源成本上。

产品经理调动了设计同学、研发同学、运营同学的人力资源，以及营销推广的流量资源和金钱资源，借由这些资源去实现自己的产品目的。那么，在打算调动这些资源之前，产品经理可以先问问自己：这样规模的一次性投入是否值得？从经验上来看，如果一个业务项目预期超过了两周，其大概是可以进一步拆分或者分批上线的，将一次性的人力和资源成本投入分散到多期，投石问路小步快跑。

除了这些明面上可以看到的成本，更大的成本则表现在机会成本或者说时间成本上。鱼与熊掌不可兼得，在特定的时间点上，如果选择了鱼就势必丢弃熊掌，放弃其可能带来的收益。比如，在需要速度的时候选择了质量导致贻误战机，而在需要夯实质量的阶段错误地选择了扩张则可能带来口碑的快速崩塌、成本的不断攀升。

举一个例子，Facebook 在移动网络初期选择了以 H5 方式来承载自己在手机端的体验，然而 Web 端后续的发展并不尽如人意，导致它花了更长的时间辗转回了 Native 的方式来实现端服务。

机会成本的不幸之处在于：产品和业务选择的对错往往是后验的，只有时间才能给我们最终公正的答案。而在此之前我们所能做的，只有尽量克制欲望，一遍遍地在 TODO List 上面做减法。一如前面多个章节所述，产品经理面临的最大问题不是选择做什么，而是选择不做什么。

2018 年 11 月 14 日，美团点评高级副总裁王慧文在接受《第一财经周刊》采访时被问及如何看待现在摩拜的用户体验不及从前。

“用户的绝对体验是有成本的，不只是单车，而是针对所有业务。互联网公司如果一味抱着用户体验思维去做美团这种生意，一定会倒闭。”

在实际工作中平衡成本与产出的时候，有以下原则可以参考：

· 先做 0—1 有无的事情，体验环节的重大缺失是我们首先应该解决的。

· 按照影响规模由大到小排列，来决定功能开发上线的优先级。

· 至少抽出 10% 的时间，做重要不紧急的事情。

用户是有价值的

我们常说要通过产品为用户提供价值。接下来的问题是：我们为什么要消耗人力、物力、资源为用户提供价值呢？京东烧钱砸物流是为了什么？趣头条给用户直接发钱又是为了什么？

我们是一家公司，一家以盈利为导向的公司。既然我们在公司概念的框架下提供了产品服务，产品服务固然要通过提供价值以取悦用户，但长远看待这个事情，产品服务必然需要通过取悦、留住用户来实现盈利目标，达成用户价值和公司价值的双赢。

无论你是做用户产品还是做商业产品，在脑海里始终都应该有如下几个基本概念：

· LTV（ Life Time Value ）：用户生命周期价值

· CAC（ Custom Acquisition Cost ）：用户获取成本

· PBP （ Payback Period ）：投资回收期

· ROI（Return On Investment）：投资回报率

上述这些概念的关系是：CAC 是我们获取用户的成本（如我们投放应用市场广告、做用户裂变等方式的资金投入），LTV 是我们从用户身上获得的商业价值（一个用户从开始使用服务到最后离开服务的过程里，公司从用户身上获得的收入，如广告收入、真实或虚拟商品的销售收入），最终，我们需要在一定的 PBP（比如融了五百万元，那么这五百万元可能只够烧半年）内完成 LTV > CAC，从而使得获取用户不亏本，从而实现公司实体的营收正向和可持续发展。

互联网的热钱涌动容易让人冲昏头脑，忽略了 LTV 的规模，甚至忽略了 CAC 的控制，以烧钱的方式快速获得体量的虚胖。幸而，2019 年凛冽的寒风可以让我们头脑冷静：粗犷式的发展势必因为不可持续性而受到规律的惩罚。

用户是有价值的。

用户产品提供的免费服务是为了使用户更高频地使用、更长时间地停留。公司需要在用户停留的过程中，通过商业产品获取到用户价值，从而让产品在体量增长的过程中不再虚胖，逐步变得强壮。

这就好比开设一家商场，商场运营方往往愿意以低廉的租金支持亲子、书店等业态的开设，通过这些业态来吸引人流、提升调性，再通过其他店铺实现用户更高额的消费。如果把亲子、书店等业态类比成用户产品，那么其他店铺就可以类比商业产品。如此一来，用户产品和商业产品也并非不可调和，不是吗？

与其被动拒绝，不如主动拥抱

既然明确了用户体验是要砸真金白银投入成本的，这些成本是需要通过商业化手段回收的，那么，站在用户产品的角度，可以积极探讨的就是：如何站着把钱挣了。

首先，商业化的体验损失我们是可以衡量的。

长线上，通过 0—1 对比，开设一个没有广告的对照组，我们可以更明确地了解不同商业化方式的累计引入对于用户指标（时长、留存）的影响。短线上，新的商业化方式也可以通过 A/B 的方式，先获取客观数据和用户主观反馈后，再确定是否上线和上线节奏。

在明确了商业化对于用户指标的损失程度后，我们可以更科学地划定一个损失区间。比如，如果敲定 5% 的时长损失是可接受的，那么在这个框架下，我们可以更积极地去调整商业广告的曝光频次，尝试不同的商业化产品样式。

其次，我们需要明确商业化方式绝不仅仅是占位置露出广告的硬流量场景，用户产品经理可以从功能特点出发，考虑软流量的融合，让商业化模式更好地融入产品，降低突兀的打扰。

· 从场景出发，找到用户愿意付费的功能。比如，种草类的内容社区关联电商，实现了内容与商品的融合；又如，健身类的应用关联了电商、健身课程等付费服务，给深度用户的需求提供了一站式承载。

· 从内容出发，具有内容消费性的商业广告可以实现内容性和广告性的融合。比如，内容分发平台更倾向于让广告主成为机构账号主，让内容可以同时进行广告投放与自然流通，也让广告主实现了平台的粉丝沉淀。又如，各种综艺、电视剧集中植入的情景短剧类广告，让广告更有娱乐性和记忆点。

· 从样式和功能出发，定制化的样式可以在设计之初就给商业冠名留出空间，比如各种软件中经常出现的品牌定制化虚拟表情、皮肤。一些定制化的功能可以通过打包进会员权益的方式，提供给用户消费。

· 从分发效率出发，算法的迭代可以让广告的选择、版式的选择与用户需求更好地匹配。以 Facebook 在广告优化上做的实践为例，2018 年 1 月 9 日，Facebook 上线了一个新功能：Campaign Budget Optimization。Facebook 后台通过对广告主投放的各个组的成效统计，动态地在多个广告组间分配预算，从而实现广告主的利益最大化，同时也有效地控制了广告对用户端的影响。

过了两日，阿聪再次找我沟通商业化需求的进展。

“阿呆老师，最后我们还是决定不承接这个商业化的位置需求。”

“哦，为什么呢？”

“因为我们评估了这个位置是在用户的必要路径上做了阻断，对用户整体体验伤害较大，却又不能带来有效的点击，整体的投入产出比不太合适。”

“那有后续吗？” 我问道。

“后续，我们这边会基于用户场景梳理一下用户的高频访问功能和页面，给商业化同事梳理一份流量图，大家再来讨论在哪个位置引入广告变现会更有价值。另外，最新的运营活动跟 KA 同学同步，我们的活动页面本身会有一些招商和变现的潜力。”阿聪道。

小议关注关系

“阿呆老师，最近我收到一些做视频自媒体朋友的反馈，”阿聪同我道，“他们反馈，尽管在咱们平台上有不少粉丝，可是变现效果不太好，我在想是不是对粉丝分发增加 Boost 系数什么的。”

“如果增加了 Boost 系数，你怎么防止视频 Up 主滥发广告的情况呢？”我问道。

“这倒是，要么参考一下微博或者头条的做法？”阿聪喃喃自语道。

关注是什么

对于消费者来说，关注是一种追求稳定预期的契约式关系。无论是关注话题（频道），还是关注特定的账号（大 V），背后的原因大致相同：源于满意的初次相遇，才会想要后续的重逢，从而触发一个门槛更高的关注动作。

对于生产者来说，被关注意味着带有品牌认知价值的流量。无论是源于服务还是源于内容，能够让不相识的消费者从不稳定的触达过渡到稳定式的关注关系，对于创作者而言，已然是一种被认可的嘉奖了。这些消费者已经用行动表达了，自己愿意持续地接收到后续的触达。相较于无目的的游客（系统）流量，粉丝流量包含了更多的品牌认知感，从而具有了更高的可变现价值。无论是应用于电商还是广告，“粉丝流量”的价值都是显著高于普通流量的，这也就是为什么我们常常对微信、微博、抖音上的大 V 以粉丝量来论英雄了。

套用复杂系统中的随机图理论，假设我们有大量的纽扣（N＞1）散落在地上，我们以概率 p 给两粒纽扣之间进行连线，这样就会得到一幅有 N 个点、pN（N−1）/2 条边的 ER 图。而这幅随机图的魅力在于，当概率 p 大于某个临界值的时候，整幅图的性质会发生质变：图中几乎每一粒纽扣都是联通的（当你随机地捡起一粒纽扣时，你几乎可以拎起地面上的所有纽扣）。

将随机图理论对应到关注关系上，就很好地解释了平台追求关注关系稠密度建设的原因：当一个可联通的关注关系网络建设完成后，就会带来大量基于关系的互动行为（传播行为），从而使网络自身具有强大的生命力，形成更强大的竞争壁垒。

此外，平台对于关注关系的建设，还会考量用户规模和商业价值的统一。在这个前提下，关注的价值并不仅仅停留在一个数字指标上，而是有了很多可以深究和挖掘的空间。

那么，从平台的角度来说，什么才是“有价值”的关注呢?

一方面，关注关系和平台留存之间存在相关性。关注对于消费者来说，是对内容更深度的认可；对生产者来说，是一种鼓励和肯定。关注关系的建立，显然能够同步改善消费者和生产者的体验，从而增加他们对于平台的留存。因此，大多数情况下，关注数对于平台来说是一个正向指标。

另一方面，关注关系和平台商业价值之间存在相关性。关注关系能够带来转化率更高的流量，附着在关注流量上。如何在更好地变现的同时，与大 V 合理地分润则是平台考虑的问题。典型样例就是微博、抖音之于大 V 的广告管控和协调。

是不是关注数越高越好呢

不一定。

在简单的关注数指标之上，关注关系的拓扑结构是值得深究的。

其一，如果关注网络中，大面积的单向关注指向了少数的节点，则表示关注网络是一个网络大 V 和 KOL 称霸的结构，直观的例子如起点中文网（很多用户都关注了头部的白金大神作家）、游戏直播平台（很多用户都关注了少数头部主播）。对于基础门槛较低、业务同质化程度较高的平台而言，这样的拓扑结构稳定性相对更差，头部节点会具有比平台更高的议价能力。所以，我们经常能够看到一个大神跳槽就导致一堆粉丝的流失，直播平台天价签约主播、天价向跳槽主播索赔的种种新闻。

为了保证平台的稳定性，平台需要做的事情有两方面：一方面，让每个用户尽可能地关注多个大节点，这样使得单个大节点的流失对于用户的损失可控，不会出现一人跳槽带走一堆粉丝的情况；另一方面，应当注意保持平台上 KOL 梯队建设的稳定性，当头部节点流失或质量下降后，可以很快地进行补位和替换。

其二，如果关注网络中大面积的单向关注关系分布分散，指向更多的节点，那么这样的网络关系对于平台显然更稳固：用户的注意力不只被大节点所消耗，同样会被多样性的小节点所吸引。可参考的服务如知乎、豆瓣，人们因为兴趣而聚集，因为高质量的内容输出而关注其他人。

尽管这样的拓扑结构对于平台来说更稳定，但同样存在问题：低密度的关注关系很难给被关注者带来足够大的经济利益，在经济利益缺位的情况下，荣誉感、自我满足感等精神驱动因素就更加重要。为了保证，甚至提升被关注节点的输出频次和质量稳定性，平台需要在平台氛围、创作者运营等工作上投入更多精力。

其三，最理想的结构，莫过于分布均匀且双向稠密的关注关系了。这种拓扑结构意味着：可遇而不可求的社交网络已经初见端倪了。只要能够保持双向关注关系的不断增加，基于双向关注关系上的互动持续保持频率，整个网络就能够长久地保持生机和活力。

产品设计和策略控制

互联网用户关注关系具有量变引起质变的特点。当用户的关注（好友关系）低于特定阈值的时候，社交网络是缺乏价值的。所以，产品经理最常见的工作莫过于建立产品内部的关注关系网络，试图引导关注关系的建立和传播。

建立关注关系最为常见的方式，是将关注动作绑定在内容和服务之上，即在用户阅读文章、观看直播内容的时候，露出发布者的关注按钮。当判断用户的消费程度达到满意服务的标准时，通过强引导的方式来达成关注动作（“您已经观看了 N 段视频，是否关注 Up 主给他支持？/关注 Up 主获得第一时间更新通知”），这也是最为顺畅的自然场景：从提供服务过渡到服务提供商。

为了试图快速增加有效的关注关系，平台还会在种种环节里增加基于推荐的关注引导。比如，Instagram、微博在关注某个人后，就会展示推荐关注的对象。又如，在新用户的信息流里会直接插入被关注对象的卡片，以恰当和有说服力的理由（如某个领域内的资深人士、用户关注的某个对象也有关注等）去引导用户增加关注关系。

当用户已经具有了基础关注关系后，产品可以通过策略的控制来保持关注关系的活力：毕竟，关注关系并不是越多越好的，我们曾不止一次地看到用户的逃离，从过载的关注关系中逃离。

当关注关系越来越密集的时候，最容易出现的就是关注关系被滥用的情况：作为聚集了大量关注关系指向的大 V 或 KOL，往往寻求基于关注关系的商业变现（如发布广告、软文等）。而变现行为的单点密集和全局密集，会更容易造成普通用户的体验崩塌，从而用户会从平台逃离。

为了保证用户的基础体验，平台大多对基于关注关系的分发进行更细致的策略控制，即用户基于关注关系能够获悉到什么内容或服务，KOL 能够分发广告的频次是怎样的，如何提升用户的主动选择权，降低其被打扰的频次。

具体做法上，一则，如微信对于订阅号、服务号通知入口整体的折叠，减少非主场景带来的打扰；一则，如微博对于关注分发的调整，优先推荐有消费性的内容，降低广告信息的频次和密度。如果一条内容在小的用户样本上没有很好的消费情况，就会被限制进一步的分发规模。

参考了微博的做法，阿聪打算尝试粉丝头条的方式，给视频创作者一个更主动自主控制粉丝流量的方式。

嗯，祝好运。

如何高效开会

最近，我发现阿聪下班时间越来越晚，甚至晚上十一二点还在写PRD。

“怎么了？最近你这边是不是工作负荷太重了？”我问道。

“唉，别提了。我不是接手了一些老功能吗，最近老被拉去开各种各样的会议，这不，就只能晚上加班干活了。”

产品经理的工作需要大量的协作，为了保证不同团队的认知统一、协作步调统一，开会就变成了产品经理职场生活中必不可少的一部分。

单从一个项目的生命周期来看，我们至少需要参与四种类型的会。

· 先经过评审会说服老板给资源，让这个事情可以做。

· 再通过启动会让设计、研发、运营和数据分析同学周知此事，准备做。

· 在项目迭代过程中，以日或者周为单位召开项目同步会。

· 最后，在上线完成、项目运行了一段时间之后，进行复盘会。

产品新人常会抱怨，每天沟通和会议占用的时间太多了，时间过度碎片化，没有整块时间进行工作和思考。那么，面对密集的会议需求，我们该如何做才能让自己更好地掌控时间、从容把握节奏呢？

作为会议参与者：宁缺毋滥、贡献价值

随着个人的职场成长和业务半径的扩大，产品经理手头负责的产品功能越来越多，承担了很多接口人和知情人的角色。于是，我们会被卷进越来越多的复杂项目中，被询问各种产品的边界情况，也会被告知各种产品的更改和调整的动态。

为了减少不必要的打扰，不妨先对自己被涉及的会议和沟通进行梳理，看看其中哪些是可优化的。

首先，维护一个定期更新的产品说明手册。一份成熟的手册能够有效规避一些基础性的重复沟通和会议：无论是新人接手、工作交接，还是跨团队合作，当被询问起产品功能的时候，将对应的文稿转给对方，后续只需要沟通对方看完文档仍有问题的部分即可。另外，将自己被追问的问题不断追加到产品手册中，既能够有效降低后续的沟通成本，也能够帮助自己从第三方视角完善对于产品的感观和认知。

其次，面对会议邀请的时候，我们需要做出去还是不去的判断。毕竟，真正需要我们参与的会议没有那么多。有一个可供参考的判断标准是：你的反馈是否会影响到最后的会议结论。如果答案是否，那么恭喜你，这次会议你不需要参与了，只需要求对方在会议结束后将结论同步

给你就足够了。

通常，上述两个步骤能够帮助我们过滤 50% 以上的会议。现在，在我们日历上剩下的就只有那些我们需要贡献观点并影响结论的必需会议了。

· 在参与会议之前，建议先搞清楚会议的主题和要准备的内容，带着和会议主题相关的事实、观点参会，才能让自己的参与更加有价值，对得起自己和别的与会者的时间。

· 在参与会议的过程中，我们是代表自己的业务和产品线来发言的，因此，积极表达出基于自己业务角色的观点是必需的。尽管我们会碰到不对等会议，会碰到沟通上的冲突，但开会本身就是为了经过观点的碰撞后找到解决方案，所以无须因为担心冲突和对方的级别而噤声。

· 在参与会议后，需要查看会议的纪要邮件，确保其中的记录准确。如果涉及自己要完成的工作，那么需要及时反馈工作排期和时间节点。

总结一下，作为会议的参与者，我们要做到的是：宁缺毋滥、贡献价值。只有减少参加不必要的会议，才能够尽量确保自己有效精力的合理分配；只有认真准备会议，才能对参与的各个会议都给予高质量的输出。

作为会议主持人：有的放矢、结果导向

现在，角色调换，作为会议的召集人（主持人），我们需要做何准备呢?

一、事的维度：要保证会议能够达到目的、产出结论。

二、人的维度：要保证不浪费与会者的时间。

围绕这两个出发点，就可以重新组织我们的动作。

会前，前置沟通，确保核心参会人能够带着观点来参会。

我们首先需要通过 IM 和核心参会人来沟通会议内容，而不只是在日历上直接占时间。提前将会议背景和相关材料（如文档、PPT 之类）告知核心参会者，可以让对方从自己的角度判断会议的重要性。

在告知了会议背景之后，我们再进行时间上的确定。很多人是有自己的工作安排和时间偏好的，并不意味着他日历上有空余时间就一定约得到，或者他没空余时间就不能占用（很多管理岗同学的会议是必须参加的）。这样，我们就有了更多的备选时间，从而争取到核心参会人尽量与会。碰到参会人确实有时间冲突不能出席的情况，也要请他指定一个替代的同事，且确保这个同事有相应的决策权。

除了会议的背景同步和时间确定外，很多情况下，我们会涉及跨部门的会议，对于待讨论的议题，部门间可能会有利益冲突或优先级冲突。面对这种情况，我们可以尽量把沟通和预警做到会议前，先就自己的方案和对方做一个简短的沟通，了解对方的想法并基于对方的反馈来做调整和扩展沟通。这样，在开会时，大家对于方案的主体部分已经不会有疑问，可以更集中地针对几个主要矛盾点进行探讨。

会中，主动把控节奏，确保会议产出。

基于会前的提前沟通和预判，我们可以将准备好的议题从易入难进行排列，逐个儿沟通讨论。先讨论有共识的部分，可以让我们不至于从会议一开始就陷入讨论和激辩，而是通过共识和一致性的建立形成更融洽的沟通氛围，不断深入需要更多探讨的部分。

关注那些不发言的同学，及时询问他们的意见。既然被邀请到会议上的都是高度相关的人，那么每个人都应该表态。我们可以在每个议题讨论后重复一遍结论，和与会同学二次确认，确保大家都认可当下的阶段性结论。

正视多方冲突，控制冲突的节奏。由于与会方可能有不同的利益诉求，所以冲突和讨论大概率是会发生的。我们既不应该畏惧冲突，又不可以陷于冲突。如果讨论显然超时，或者多方连基础共识都难以形成，就应该及时中止并跳过这个议题的讨论，先将时间用于后续议题的讨论。对于那些在会上难以达成共识的议题，看是否可以通过问题升级（交给上级领导拍板）或是二次组织讨论来解决。

把握会议节奏不超时，求同存异保证产出，是作为会议主持人应该保证的效果。

会后，及时发送纪要邮件，督促各方反馈。

在会议结束后，作为会议召集人或记录人需要及时发送会议纪要邮件，按照先结论、后 TODO、最后遗留问题的三段论结构来陈述总结会议。

会议是为了达成可落地共识的，既然共识达成了，那么下一阶段就是执行了。发完邮件后，我们就可以及时督促相应同事反馈相应支持举动的时间点。如果遗留了一些需要进一步讨论或资源 PK 的内容，则要尽快推动上级解决，或是安排组织下一期的会议。

作为一份离不开连接和协调的工作，产品经理需要少开没必要的会、多开有效用的会。这样，我们才能在节约自己和他人时间的同时，带来有效的产出，确保工作的有效推进。

尝试着拒绝一些不是强依赖的会议，阿聪惊喜地发现有些会议并不用去参加，只要关注核心结论就行。他兴奋地对我道：“阿呆老师，我突然发现，每天的时间变多了。今天可以按时下班回去刷剧了！”

第一性原理：少做多想

一日，阿聪找我来 Review 产品方案：“阿呆老师，这里的产品方案处理逻辑比较复杂，需要根据分享者身份的不同做不同的逻辑。除了主场景以外，为了逻辑的一致性，会在不同场景下有多种情况，对设计和研发的资源都有很大的占用。”

“这个功能是实验性功能，还是确定要全量的功能？”我问道。

“实验性功能，预期的收益是在两个主要场景上。”

“那为啥现在就要着手处理其他场景下的问题？”我追问道。

“难道不用管了吗？”阿聪愣了下。

“不是不用管，而是现在不用管。你现在做的是一个实验性功能，功能本身还生死未卜呢，干吗现在就去考虑主场景之外的逻辑统一问题？”

“哦，不做就不做嘛。”阿聪丧气地摇摇头走开了。

又一日，阿聪的产品方案到了我的案头。我翻了两页，再度给他打回去了。

阿聪来找我询问："为什么会被打回来呢，我这次增加的功能点逻辑上没有什么问题啊？"

"目前的设计，后续不具有可扩展性，需要进一步调整。"我回答道。

"哦，上一次不是说我想太多了吗？"

"不是说你想太多，而是你想要做的太多。产品经理需要的品质是少做多想，尽可能地找到核心点打穿打透。套一个时髦的词，应该站在第一性原理的角度去不断地思考自己的工作，最应该做什么。"

从 PayPal 到特斯拉再到 SpaceX，马斯克毫无疑问是个性格张扬而又成就非凡的家伙。屡屡跨界的他为什么总能有所斩获？他给出的答案是：第一性原理。

什么是第一性原理？第一性原理对产品经理的工作是否重要呢？

什么是第一性原理

第一性原理最早来自古希腊哲学家亚里士多德，他说："每个系统探索中都存在第一性原理。第一性原理是基本的命题和假设，不能被省略和删除，也不能被违反。"

而在马斯克眼中："我们运用第一性原理而不是比较思维去思考问题是非常重要的。我们在生活中总是倾向于比较，对别人已经做过或者正在做的事情我们也都去做，这样发展的结果只能产生细小的迭代发展。第一性原理的思考方式是用物理学的角度看待世界，也就是说，一层层拨开事物表象，看到里面的本质，再从本质一层层往上走。”

站在个人角度，第一性原理可以被理解为：通过不断地咀嚼和反思（Why），尽量把业务的目标蓝图（What）想得很通透，从而更有效地指导日常工作（How）进行落地。

为什么产品经理的工作需要有第一性原理

作为产品经理，我们在日常工作中碰到的“需要做、需要去跟随的事情”不胜枚举，比如，这里增加一个入口吧，那里增加一个功能吧，竞品新上了一个功能我们要不要跟进，等等。

正如全篇中不断提及的，产品经理重要的品质是不做什么，而不是做什么。

当我们被分配到一项具体的业务功能时，除了要有明确的微观视角、明确如何把项目拆解落地外，还会建议给自己戴上机器猫的竹蜻蜓，升上天空从更高的维度俯视整条链路的来龙去脉，自己被分配到的业务功能又处于一个怎样的环节。只有获悉全局的信息，才能帮助我们更好地理解自己要做事情的初衷和目标到底是什么。

比如，我们在日常工作中经常会见到的增加入口、加强引导等需求。其背后隐藏的大概率是业务活跃度的诉求。所以，在这个问题上，增加入口只是手段（How），真实的目的诉求（Why）在于提升活跃度。

作为一个结果导向的产品经理，除了要把手头的需求落地执行外，还需要额外考虑目标达成的问题。

首先，不可免俗地聚焦最核心的问题：这个业务（功能）满足用户的需求是什么？这是我们后续所有决策的出发点。

其次，是业务和功能天花板的问题，可以拆接为两个点（规模和频次）：

· 有这一需求的用户规模有多大？

· 这类型需求的频次有多高？

厘清天花板是为了让我们明确目标。凡事过犹不及，如果一件事情已经接近它的天花板，那么再去迭代就不免会落入硬干的套路，以过高的精力投入、过低的转化效率换取数据指标上的提升。

在预估天花板之后，才是轮到实操层面如何逼近天花板。就“加强用户引导”这个问题而言，我们同样可以拆接为两个点：如何触达用户？用户是否建立了认知？

触达用户，有引导教育和场景融合两种常见的手段。

· 引导教育是我们最常见的方式，它是从曝光量角度着手，通过给予新功能更大流量的入口位置、更明显的提示和引导文案，提供一个更大的转化漏斗的入口、告知用户有这样一个功能服务的存在。

· 场景融合，则是从转化率的角度着手，更细致地去看功能的切入点和更适合的露出场景，通过建设那些转化效率更高的漏斗，使得用户以更高的转化率来使用功能。

当然，我们追求的始终是限定条件下的结果最大化。尽管场景融合更加精细、转化率更高，但并不意味着场景融合就一定是最优解。有时候，大力出奇迹同样适合产品迭代，能让我们更快速地逼近天花板这一最终结果。

如果说触达用户是空间维度的事情，那么建立用户的主动认知就是一个时间维度的事情。当用户使用特定功能的累计次数和应用频次都超过某个阈值的时候，这一功能或服务就相当于在用户心中建立起了自己的品牌，能够收获更长久稳定的应用流量。

当然，上述的所有假设和讨论，都是从增加入口的角度进行的拓展。触达用户有没有其他的手段？比如，应用运营的手段，结合一定触发条件做更强的提醒和引导行不行，用户自传播的方式行不行，等等。我们的所有方案都应该服务于最终目的，并在众多候选方案中尽可能地去选择性价比最优的方案。

“产品经理是一个成就感很强的角色，因为可以调用很多资源来实现自己的产品设想。当你可以调用设计同学、研发同学数周的工作进行研发的时候，你就需要明白：自己才是产品的第一负责人，一旦搞砸了，大家数周的努力就都白费了。所以，要反反复复地追溯本质，多想一点，想得透彻一点。”我道。

“就像是《蝙蝠侠》里的台词，能力越大，责任越大。”阿聪若有所思。

“是啊，能力越大，责任越大，共勉！”我郑重地说。

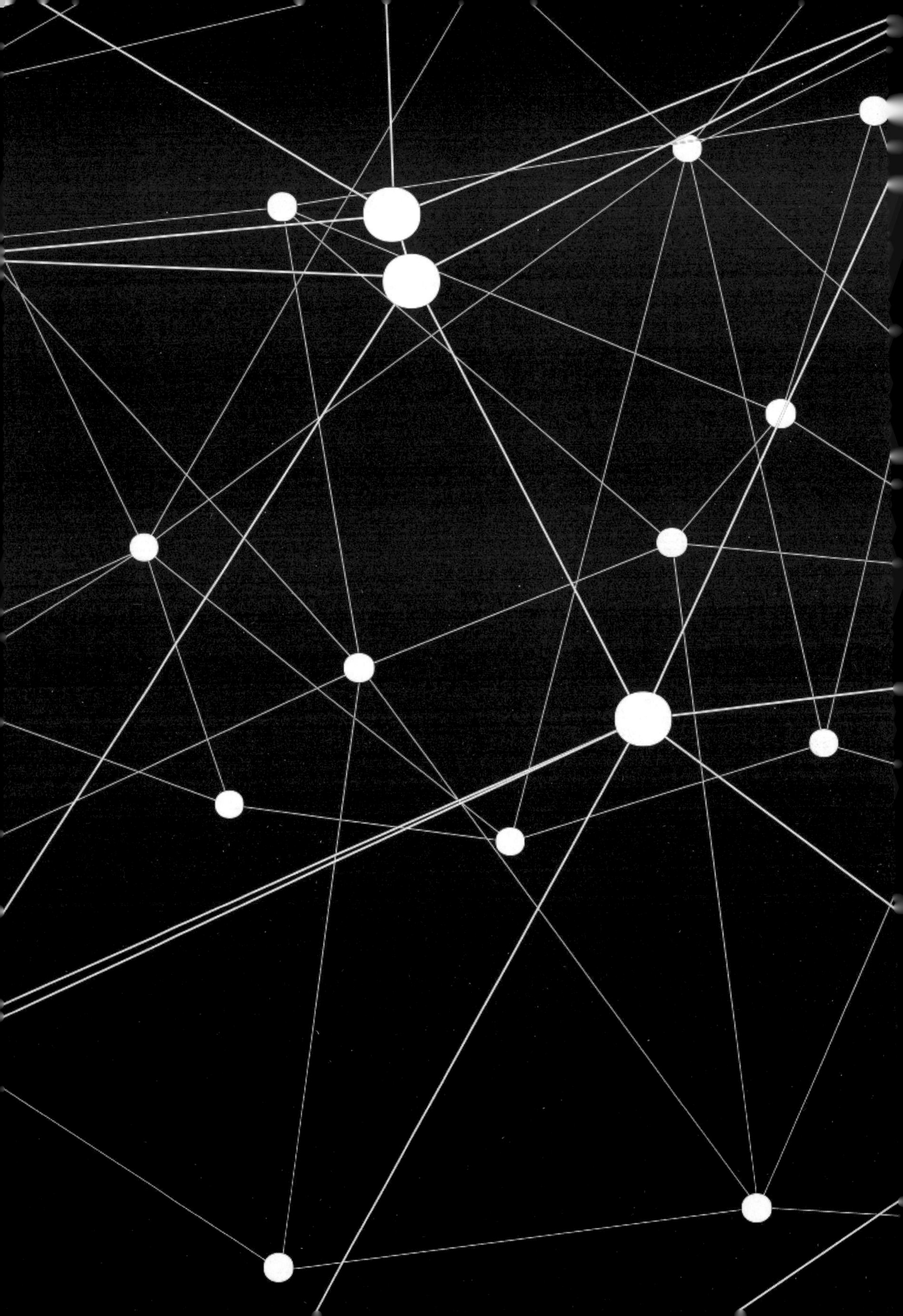

| 第四章 |

前路漫漫：出师才是新历程的开始

产品经理需要找到自己的兴趣、能力象限和工作内容、业务方向的契合点，才能更快地产出效果，实现和项目一起成长。

一年期满，阿聪也算学成出师，最近的产品方案已经挑不出什么毛病来了，很多项目更是在线上收获了显著的收益。

“蛮不错的，”我对阿聪道，“基础的套路，我已经没有什么可教的了。剩下的，就是你如何建立自己的方法论了。”

“自己的方法论？”

“是的。每个人背景不同，擅长的方向也不同。就像是一场登山旅行，你可以选择自己舒服的路线和方案。我曾经和很多资深的产品经理沟通，大家往往会通过不同的路径达成相似的结果，也算是殊途同归了。建立自己的系统方法论，依靠理性校验后的感性认知，产品经理才有可能产出正确概率较大的产品方案，从而降低试错成本，提升迭代效率，逐步建立自己的信用度，承担起更大的团队责任。”

“那阿呆老师，你的方法论是什么？”

“我的方法论和思考啊，还真不容易一次说清楚。”

产品经理之路是一场修行，修行的过程中也累积了一些感想。以下就分别从产品和个人成长的角度聊聊我自己的想法。一家之言，希望能够给你带来启发。

产品经理的数据信仰

与不同的产品经理交流后发现，各家公司都存在自己的产品观、价值信仰。从 2017 年开始，以头条为代表的公司的快速成长，形成了一种新的价值观，或许可以归结为：数据信仰。

数据信仰，是笃信数据标尺作为最终衡量

在完备 AB 系统的支撑下，产品的最终决策有了统一的度量衡：核心业务指标 + 产品核心指标。

在两类指标的引导下，在产品全量前的 Launch Review 时，所有人都能够放下级别，用数据说话：数据好的上线，数据差的回滚。

减少了产品经理拍脑袋的次数，减少了老板的决策，对于产品而言，莫不是一桩幸事。

数据信仰，是承认碳基生命的局限性

同硅基生命相比，人类更适合的是战略型而非战术型的判断。机器算法以局部最优解、概率最大化为导向，在限定范围的战场上，其计算严密性和效率性是远胜于人类的。

我们需要承认自己擅长的，也要认知到自己不足的；创新性业务方向的判断，是需要人来拍的；基础性业务指标的实现，是需要相信机器能做得更好的。

以美食类的内容消费为例，如果交由产品经理来拍策略和内容分类建设的话，大体上你不会看到“东北大胃王”这类的视频，遑论恶心重口的内容。内容量的缺失，势必会带来分发效率的下降。

在这个场景下，尊重机器分发的效果，人得以从观察的角度切入时，不仅能够扩大自己的认知范围，也能够更好地发现用户的偏好和业务的潜在可能性。

数据信仰，是坚守长期的价值观

如上文所述，算法驱动更容易陷入局部最优解的困境。以内容分发而言，加大 Push 频次、增加低俗内容的分发等，都能够刺激短期的业务指标。

在短期数据指标的诱惑下，更需要人来做出价值观的判断和选择。

君子有所为有所不为，不获取不该要的数据指标，一如国家的发展需要坚守不要污染的 GDP。

在数据驱动的场景下，产品经理或许可以明确自己的职责。

· 基础：明确核心业务指标和产品核心指标，作为所有 A/B 测试的度量衡。

· 业务：在做改进的时候，明确待改进的衡量指标，收集需要给予的信息支持（如可能的环境因素、常见的场景、待补充的资源），制定规则的底限而非上限，交由机器来优化。

· 探索：观察业务反馈，正向的、负向的、意料之外的，从而发现改进和调优的空间。

痛点、爽点和痒点

做产品必谈用户需求，用户的需求是所有产品迭代的出发点和原因。然而，需求有强弱之分，诱因有内外之别，将需求进一步深挖下去，我们就不可免俗地会谈及痛点、爽点和痒点。

概括而言，这三个概念可以分别表述为：

“痛点”是恐惧与欲望，是刚需；

“爽点”是即时反馈，是即时性的愉悦与满足；

“痒点”是愿景，是用户理想态的投射。

关于痛点

关于痛点，现存的讨论已经足够多了。我们可以将痛点等同于迫切度很强的需求（刚需），它可能是解决了 0—1 有无的问题（如搜索服务能够拓展用户的认知边界），也可能是通过效率的显著提升从而带来了体验的飞跃（如马车与汽车的出行对比）。

在互联网化的蛮荒时期，很多互联网产品的落点都在线下服务的痛点。通过解决信息不对称问题提高连接效率，互联网产品帮人们更好地满足了基础需求，缓解了求不得的痛苦。比如：

· IM 服务满足了我们远距离、低成本、实时 / 非实时沟通的需求；

· 电商服务满足了我们低价、便捷、购买不便（海淘、非标）的需求；

· 搜索服务满足了我们快速查找、检索比对信息的需求；

· 在线旅游 OTS（Online Travel Service）服务满足了我们比价、更合适地安排行程的需求。

衣、食、住、行、玩，每个基础需求点的背后都是巨大的交易规模，从而支撑起了电商、出行酒旅、餐饮服务（到店 & 外卖）、O2O 等领域的蓬勃发展。一些双边市场上的互联网服务更可以通过 C 端消费规模的扩大把握更大的话语权，从而反推 B 端服务标准。通过提高 B 端质量进一步扩大 C 端消费规模，让连接这门生意产生更高的连接密度和服务价值。作为用户的我们，也因此享受到了更便捷、更高品质的生活。

关于痒点

伴随着互联网化覆盖率的不断提高，流量红利的逐渐消亡，影响面较大的痛点可能因早有霸主的覆盖而疼痛不再。在资本躁动的年代里，“没有需求制造需求也要上”的套路显然不可持续（ofo、共享汽车很可能都属于需求痛点不足以支撑业务规模的例子）。一个摆在产品经理面前的“新常态”问题便是：如何继续做增量？

站在马斯洛需求模型的角度，我们观察到了用户的变化：在物质供给日趋盈余之后，用户的胃口从基础的痛点满足转换到自我价值提升、自我定位实现的阶段。

这种自我实现的诉求可以更直白地表现为：和谁在一起、和谁不同。我们通过内在的产品功能与外在的品牌宣传等手段共同给用户建立了认知：这个产品服务是提供给怎样的人，你因为自己的选择而获得了怎样的身份归属。

这就是所谓的“痒点”：产品给用户建立的身份认知（人设）是什么？世界本来就是多元化和碎片化的，互联网产品通过技术支持了这种碎片化和多元化的承载。集体主义越来越过渡到个体主义，“我是谁”成了用户更愿意为之倾注心力的问题，这就是为什么我们会看到二次元、御宅文化、虚拟偶像等小众文化的兴盛。

为了顺应用户的痒点，我们在产品的构建过程中也需要问自己：我们提供给用户的那幅蓝图是什么？当这幅蓝图投射到用户的使用场景里，需要怎样落地，如何以产品化的手段去体现。

它可以是健身类应用中的逐日提示——“今天，你兑现了和自己的承诺”，也可以是通过徽章和榜单化告知用户成功解锁了目标，实现了领先，抑或是社区类应用中的年度回顾，让用户意识到自己在社区中的沉淀、收获到的赞赏和认可。这些通过文案、成就体系等触达手段所做的提示，都是在反复暗示用户，你正在朝着梦想中的自己前进。

关于爽点

如果说痛点是眼前，痒点是远方，那么爽点更类似从痛点向痒点前往的路径。在满足用户刚需的基础上，给用户以超预期的体验。就像 iPhone 发布时的广告语“Bigger than bigger”，岂止于大。

只满足充饥目的的粗茶淡饭已经很难取悦用户了，那么我们应该如何烹制一顿佳肴给用户带来欢愉和满足呢？在这里，产品体验的完备、交互设计的顺滑、游戏化机制的设计，都是值得关注和借鉴的。

产品体验的完备，最基础的要求就是说人话，想周到。

举例而言，我们常常会在应用中看到各种边界性的错误提示，如支付失败、绑定失败、网络错误。但是，然后呢？错误不是用户想要的，用户是来解决问题的，不是来面对新问题的。所以在告诉用户错误的同时，应该告诉他错在哪里了，要怎么解决：是联网后再实验，还是已经绑定了其他账号，或者是密码错误需要充实，这些提示才是说人话、办人事的。再举一例，我们通过观察用户的使用方式，会发现很多用户的截屏动作关联着不同的目的性。从而，在不同的应用内，基于截屏会触发不同的动作：电商类会询问你是否分享，出行服务类会询问你是否要反馈客服等。

除此之外，游戏化手段也得到了越来越多的产品关注和应用。常见的游戏化三件宝——“积分、徽章、排行榜”，都可以引入产品场景中，带给用户即时性、阶段性、竞技性的反馈。

积分与徽章，从社区 BBS 年代开始就在广泛地应用，用户通过完成各种任务的过程熟悉社区的规则、功能和板块，并通过点赞的手段实现对内容发布者的正向激励。在健身类应用、背单词类应用里，游戏化机制的应用显然更多，通过引入个体竞技、组队监督竞技等方式，来促使用户使用，从而让反人性的锻炼、学习达到更高的频次。

套用饮食的场景，如果把我们的产品服务比作一家饭店的话：

· 吃饱喝足是痛点，因为饥饿和干渴是最基础层的诉求，是 0—1 有无的差别；

· 顺着需求模型往上推进，口味好、环境佳、服务棒是痒点，它们满足了餐饮消费的即时快感，让人愿意回访；

· 再往上递进一层，整个诉求链路则会表现为“充饥→好吃→可晒”，那些上菜要拍照、吃喝要打卡的地点，才是让我们刷爆朋友圈、实现人设最好的承载体。

以痛点为切入，以爽点为优化，以痒点为目标，每一个产品都会在不同的落点上找到自己的发力空间。

我的个人产品方法论

上周和朋友聊天，突然被问到这样一个问题，你的产品观是什么？

呃，沉默半晌：是啊，好歹做了这些年，我的产品观和方法论是什么呢？

对于这个问题，我会拆分成愿景、场景、数据、时间四个角度，试图给出一个更立体的答案。

站在愿景的角度：我们要成为什么

愿景，一度是年少时觉得最虚无缥缈的名词。

如今，也许是年纪大了，觉得愿景的意义是最重要的。

我们常因为走出了太远而忘记了为什么出发：做人如是，做产品如是，做功能亦如是。

如果没有在出发前就明确我们要成为谁，业务的核心愿景和主干服务是什么，就非常容易假借增长和数据之名上线一些鸡肋功能，让整个产品日趋臃肿，最终变得面目全非。

更可怕的是，所有短线局部的数据增长必然以更加隐晦而长线的方式影响到全局的增长，比如：

· 短线上为了提升关系密度，就刻意引导用户关注高热用户。长远来看，普通用户的关注关系变成了不对等的粉丝关注关系，过多被引导而来的关注也影响了用户的关注质量。

· 短线上为了提升销售额，就不加区别地进行打折促销和优惠券发放。长远来看，会降低用户对于服务、商品的价值感认知，从而产生了等打折促销、不打折不买的行为。

愿景，即目标。前进的道路往往会模糊不清，但我们还是需要记住自己究竟要前往何方。

站在场景的角度：用户为什么接纳我们

站在场景的角度，我们成了一个演员：试图把自己的主观预设判断从躯壳里抽离出来，让自己变成用户角色，放在幕布前，进入场景里。尽可能地用同理心去体会、用逻辑去判断思考用户的选择与路径：脱离“我以为”，试着“成为他”。

选择，关乎产品的核心价值和可替代成本：

· 用户为什么要使用这款产品？我们满足了怎样的需求？

· 用户为什么不使用其他产品？我们提供了怎样的差异化价值？

· 用户为什么留存？什么样的价值点让他有了回访的动力？

做一款回答不出差异化核心价值的产品显然是辛苦的，这样的产品让我们深陷红海，试图通过效率战争与同质化竞品 PK。当然，很多成熟期产品的情况就是这样：已经身处高点，环顾四望不是云雾缭绕便是下坡路。强敌环伺，只有试图去探索云雾之间：更好已不足够，不同才是出路。

路径，是用户对于产品的使用方式：

· 用户可能会在怎样的情况下使用服务？

· 用户会使用哪些功能，使用频率是怎样的？

· 在这些功能和页面上用户为什么停留、为什么点击，什么影响了他们的消费决策？

站在场景里去体验用户对于操作路径的理解，就是你我在一本本产品经理入门书里看到的那样：一秒钟变小白代入用户思维。我们需要从一个高度精英化的上帝视角里走出来，用心去揣摩、体验用户，做一点接地气的事情：顺应、引导用户，而不是试图教导用户。

快手、拼多多、趣头条，这些被我们戏谑为“五环外”的成功产品，无一不是身在五环内的产品经理所设计实现的。他们也许并不是典型的用户，但是他们能够做出让典型用户大量消费的产品，这就是场景理解的用处。

当然，站在场景里思考的结论往往会让人觉得沮丧：我们会发现，让自己兴奋不已的灵光一闪对于用户而言，很可能不过是又一款高度重复的服务，抑或是没有解决实质问题的故弄玄虚。好在抛掉那些不切实际的想法，总比真的做出了无人问津的产品要强。

站在数据的角度：短期应该怎么做

我是坚定的数据驱动信徒，坚信“If you cannot measure it, you cannot improve it”。但如你所见，我依然只将数据驱动放在第三位：愿景解决是什么，场景解决做什么，数据能够帮助我们的是怎么做。

依照惯例搬出公式，我们做的所有产品运营手段都存在一定成功的概率，也会有预期的收益，我们衡量的是这一系列手段的数学期望值：

$$\mathbf{E(X)} = \sum_{k=1}^{n} x_k p_k$$

首先，数据能够帮我们更好地判断优先级。通过对业务流程各个环节的拆分，以及参考行业数据，我们可以更确定地判断影响面，通过重要的事优先来确保我们迭代的预期收益。

其次，数据能够帮助我们验证假设是否正确，校验产品动作是否准确。每个产品改进都应该是有核心目标的，而且这一核心目标应该是可衡量的。在这个前提下，通过构建功能核心指标 + 业务核心指标的 A/B 测试，能够让产品的迭代更科学可靠。对于产品方案的选择，不再是谁的职衔高谁说了算，而是在基础逻辑达成共识的情况下，传到线上通过真实的数据来做出尽可能公正的裁决。

最后，有了数据才可以更好地度量，以供取舍判断。产品不是孤立的：运营协作、生态建设、跨部门支持，各种各样的复合目的都会落地在产品实现上。有了数据的追溯，我们才可以更好地度量不同动作带来的数据的折损，从而实现精细化运营和活动。

站在时间的角度：思考进化与改变

有一句有些伤感的话："你什么都没有做错，只是老了。"对于产品来说，也是这样。

时间就像流水一般，裹挟着产品进入了不同的航程：不同的外部环境、不同的内部组织、不同的产品规模和阶段。你所坚信的一定会发生改变，你所擅长的一定会成为羁绊。

比如，团购在快速风起云涌后如今收归平静；比如，电子商务如今高喊新零售线上线下融合；比如，主动的 RSS 定制阅读如今已经改变为被动智能推荐；比如，付费的杀毒主需求如今已经改变为免费的系统优化服务等，不胜枚举。

拥抱变化，才是不变的要求。

这也使得我们需要放下执念，以季度为节点重新审视用户群在产品中的分化与变迁，产品里不同的功能的作用与适应范围：

· 定期刷榜，看看外部产品对于类似业务的不同理解。不要直接否定"非我族类"，而是本着"存在即合理"的认知去看看是否可以"西学东渐"。

· 定期复查场景中不同路径、不同功能的数据表现，对于该砍掉的部分大刀阔斧地砍掉，不要痛心，以保持整体路径的明确清晰。

承认变化，接受进化。物竞天择，便意味着筛选与改变：与其被时代抛弃，不如自己先改进自己。

如上便是目前我个人的产品方法论：愿景导向、场景还原、数据驱动、时间思考。

人的问题才是最大的问题

一晃工作也有些年头了，经历过成熟期、初创期、成长期等不同形态的公司。于我自身，也从一个自己吃饱全家不饿的毛头小子，变成了要扛业务指标、考虑团队成长的团队负责人。

历经公司的发展，我对于前辈们耳提面命的一句话终于有了切身的感受："人的问题才是最大的问题。"

做好自己、拥有数量级优势

庆幸生在这个年代，人的个体价值从未得到过如此大的放大：以程序员的工作为例，最有效率的程序员和一般程序员的编程效率是数量级上的差异。产品经理亦然，好的产品经理能够极大地缩减产品试错过程，做出更靠谱的判断。

“千金易得，一将难求”，成为那个具有数量级优势的职场人，是我们共同的选择。工作四五年后，再看机会时往往不再那么需要纸面上的简历，每一个参与过的项目、每一家供职过的公司、每一个合作过的同事，共同构成了具有可信度的背书。审慎选择职场路径，做好每一份工作，成了最可靠的构建自我价值的路径。

一个建议：关注自己能力的持续增长而非短期收入的快速增长，尽力让自己长线值钱而不是当下有钱。

在招聘的过程中，常常会看到昏招迭出的简历：一类追热点，在一两份工作之后，就一头扎入了各种热潮产业，如O2O、生态化反、共享货架、区块链、社区团购，等等。风口倒是一个不落，但聊下来最核心的认知始终没有超过头几份工作的基础。另一类图稳定，五六年始终在一个公司、一个岗位，可能力半径始终还是那么一亩三分地，用两年的经验干了六年。

在拒掉这类面试者的同时，也在给自己敲警钟：不要贪图安逸，让自己成为那只温水煮的青蛙；不要追求风口，冒进闯入自己没有丝毫了解的领域。

有一个前辈的建议很好：如果把自己也当作一个产品的话，你该如何规划这个产品的迭代？如何让这个产品得到更多潜在用户（雇主、公司）的认可？跳脱出来看，放眼长线看，才会让自己更理性，能够以期望最大化来规划职业路径。

职场如球场，我们每个人都有明码标价。当你觉得自己的价格低于自己能力的时候，除了怀才不遇的牢骚，也许更应该反思自己的成长路径；而当你觉得自己的价格已经显著高于自己能力的时候，恐怕更应该警醒和审慎，不要让溢价混淆了自我认知。

把自己的职场价值当作一款产品，用心经营自己的品牌，让自己成为数量级优势的职场人。

选对老板、预估公司和团队的天花板

见识过各种初创期、成长期公司的 CEO，和他们有过深入的交流，也用时间的维度丈量过他们的公司情况。得到的结论还是那句老话：老板的高度决定了团队的高度。

对所有团队而言，最终还是会收归到“人治”。从小处说，产品方案、业务形态都是由老板最终拍板的；往大处说，公司航道、应对挑战同样是由老板选择的。老板的理解能力和学习能力决定了整个团队和公司的调性和高度。

一个思维开放、头脑清晰的老板，可以快速高效地推进方案，更好地调动公司人力、物力资源以实现更好的效果；而碰到一个刚愎自用、朝令夕改的老板，恐怕就只能寄望于公司运气足够好，能够让大家吃到更多的红利了。有朋友戏言：“好的老板也许有千千万种，但不好的老板却易于归类：一种是啥也不懂只压 KPI 的，另一种是总把自己当张小龙、乔布斯的。”

选老板，除了是在选择老板的能力以外，同样是在选择两人的工作方式、性格习惯，并无好与不好之分，而是适不适合的道理。与性格、工作方式更匹配的老板一起工作，能够最大化地施展出自己的工作能力，而非觉得碍手碍脚、难于施展。

“选工作就是选老板。”Boss 直聘那句广告词还真是在理。

负责产出、打造一支全明星球队

常戏言：“老板负责解决一万，我负责解决万一。”在老板给到了物理资源（解决一万）之后，将方案贯彻落地解决问题（解决万一）就是我们负责的部分了。

人力有尽时，项目的落地离不开整个团队的协作，团队的质量同样是云壤之别。经历过好的团队，一个方案从产出到上线只需要不到两周，大家像发动机一样高速运转、快速地执行落地；也见识过普通的团队，则只能亦步亦趋地追赶对手的脚步，妄谈战斗力。

既然喜欢和那些工作中主动靠谱的同事合作，那么也要尽力让自己成为别人眼中靠谱可信赖的那个人，协同共赢，彼此成就。

开始带团队之后，压力更大。你所代表的生产力就不是个人的生产力，而是团队的生产力。持续的招聘面试，与团队充分地沟通，安排团队工作，培养团队成员，设定合适的考核方式等，都是为了追求团队更高的产出。

切记：像球队一样经营团队，Hire Wise & Fire Fast。

像球队一样经营团队，能够让我们更开放地应对波动，整个晋升体系不是论资排辈，而是用能力特点决定球场位置，用产出贡献决定是首发还是替补。

Hire Wise，用钱景和前景吸引对的人。一方面，我们的成长和价值大概率会在金钱价格上得到印证；另一方面，越来越值钱的我们也有了更多的候选项，更愿意为了愿景而奋斗，而不只是为了挣钱。

Fire Fast，及时让不合适的人离开。选择可能残忍，但选择是老板必须做的事情：我们要的是把事情做成，成就整个团队，让大家增值的人，而不是做老好人的人。

跟创业的朋友聊天，他感慨，烧了那么多钱去做市场投放，最后才发现，在人上面高额的投入产出比是最高的，多花时间去聊，多花钱去挖。优秀的团队是具有引力的，会吸引更多优秀的人加入。

像经营一支球队那样经营自己的团队，着手当下，眼光放长。让自己的团队在内部、在外部，在当下、在未来都具有竞争力。

保持业绩的持续增长，让整个团队更有盼头、更有凝聚力。

后　记

屠龙少年，愿能力和运气与你同在

本书的设定是产品新人入职半年到一年的阶段，从刚刚熟悉产品工作到开始负责独立的功能点和小的业务主题。为什么设置这样一个时间周期？原因在于超过这个周期后，产品经理其实没什么好教的了。

引用如下图片，一个职场人的成长可以看作由下而上，从器术到道法的登攀过程。

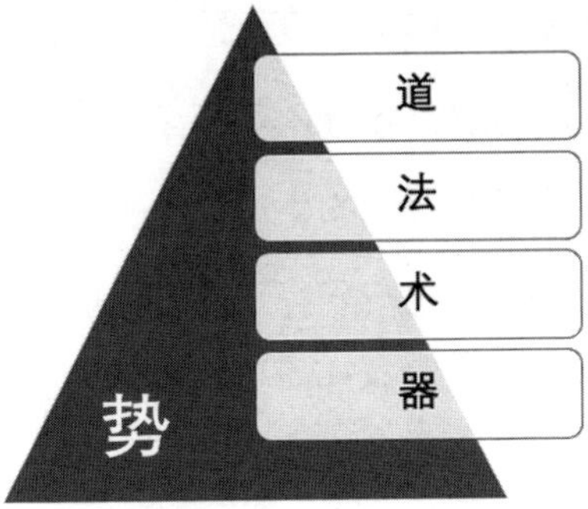

甫一入门，最先需要学习的就是器（工具、软件）层面的应用技巧，

通过熟练的操作保证基础工作得以舒畅、高效地开展。对应到产品经理的岗位上，可能是数据的标注、报表的分析、原型图、邮件会议流程的掌握等。

再往上一层，由导师教授的就是术（沟通技巧、处理方式）层面的技巧，通过这些术可以让自己更容易地协调项目资源、推进方案的贯彻落实，让自己的想法能够落地实施。

术和器，都是相对标准化、能够教、可以学，进而学出三分样子的阶段。从器术到道法，则是一个非标准化的阶段，与其说是学出来的，不如说是炼出来的。这个磨炼的过程，是结合自身特点，伴随着一个又一个业务问题的处理而逐步摸索、迭代验证后形成的。

道与法，无所谓对错，只看是否适合：适合自身的特点、适合选择的业务领域。比如，我是技术背景，在处理问题时更倾向于数据逻辑分析、流转转化漏斗、逻辑合理性的方式；而有的朋友更偏人文背景，更倾向于从同理心、用户感知的角度去理解和解决问题。尽管对于很多问题我们两种人能够得出相近的解决方案，但问题推导的过程是迥异的。

从标准到非标准的过程，也是对个人能力更强要求的过程：不问过程曲直，只看结果成败。从这个角度出发，产品经理必须完成从功能点到业务线、从产品思维到业务思维的转变。我们负责的不是自己那一亩三分地里的功能，而是要把自己的事情做好的同时，站在更高的角度去思考团队的目标和路径。毕竟产品经理才是和产品、业务成败紧紧绑定的角色，只有产品业务成功才会有产品经理成功的可能。

说完了金字塔结构的“从器术到道法”，接下来才是更虚无缥缈的“从立本到借势”。立本，是个人的基础素质和能力底蕴，是一个人碰到问题解决问题的能力；而借势，则是个人的选择和判断，在什么样的时间点选择做什么样的事业和方向。当我们回顾PC互联网和移动互联网的发展过程时，不难发现，无论是搜索、电商，还是移动化、O2O、信息流、视频化，都是有着自己的发展阶段和时间特点的。选择自己相信的方向，在有高速增长的过程当中扎进去，无论是对能力锻炼还是个人品牌累积无疑都是大有裨益的。

我们常说，选择比努力重要。它并不是否定努力的作用，而是在强调选择对于努力积淀的放大效果。在个人事业航行的阶段里，究竟什么时候调整方向，什么时候做出选择，等等。

我们看到浪花一朵朵地涌上岸边又回落，一代代的产品涌现又消亡，一批批的产品经理或转岗或转行，只有更少的人在坚守，为了愿景和成就驱动而工作，期待能够参与到更多有影响面的产品建设当中来。

终有一天，我们会认知到：喜好、擅长和天赋，是三个不同维度的事情：

· 喜好并不等同于职业选择；

· 擅长的事情才是自己的饭碗；

· 最理想的莫过于用自己的天赋做事情。

待到那时，你是否还会坚守自己此刻做一个产品经理的选择？

希望你找到属于自己的业务发展之路，希望能力和运气与你同在！

最后，罗列出个人看过的书、经常会访问的公众号，希望会对大家有帮助。

公众号推荐

· 笔下求生：朱时雨的公众号，很多关于互联网、商业模式的分析。

· 见实：徐志斌老师新的方向，聚焦在小程序、微信生态等方向。

· 乱翻书：潘乱老师的公众号。潘老师以互联网领域的专题、深度稿件著称。

· 判官老司机：李泽澄老师的公众号，李老师亦著有《产品觉醒》一书，值得推荐。

· 王信文：莉莉丝 CEO 的公众号，更多的关于创业、团队和商业模式的思考。

阅读推荐

主要面向新人推荐，相关书籍介绍了职场的通用做事方法和产品运营、数据分析等相关知识。更进一步的经济学、心理学、社会学的通识读本，就看个人进阶过程中的兴趣所在了。

《高效能人士的七个习惯》

《麦肯锡卓越工作法》

《精益创业》

《点石成金：访客至上的网页设计秘笈》

《启示录：打造用户喜爱的产品》

《用户力：需求驱动的产品、运营和商业模式》

《从点子到产品》

《从零开始做运营》

《深入浅出数据分析》

《增长黑客：如何低成本实现爆发式成长》

《社交红利 2.0：即时引爆》

《打造 Facebook：亲历 Facebook 爆发的 5 年》

《重新定义公司：谷歌是如何运营的》

图书在版编目（CIP）数据

人人都该懂点产品思维/闫泽华著. —北京：北京联合出版公司, 2020.4
ISBN 978-7-5596-3894-6

Ⅰ. ①人… Ⅱ. ①闫… Ⅲ. ①企业管理—产品管理
Ⅳ. ①F273.2

中国版本图书馆CIP数据核字（2020）第012255号

人人都该懂点产品思维

作　　者：闫泽华
责任编辑：牛炜征
封面设计：仙　境

北京联合出版公司出版
（北京市西城区德外大街83号楼9层　100088）
三河市冀华印务有限公司印刷　新华书店经销
字数188千字　700毫米×980毫米　1/16　16.5印张
2020年4月第1版　2020年4月第1次印刷
ISBN 978-7-5596-3894-6
定价：49.80元